50分でわかる!
立憲民主

まっとうな政治

有田芳生 編著 *Arita Yoshifu*

弓立社新書

まえがき

「立憲主義」という言葉が世間に広がったのは安倍政権が集団的自衛権の行使を容認する安保法制をゴリ押しした２０１５年のことだ。日本の戦後政治でもっとも強権かつ最悪の安倍晋三という総理大臣がいた時期に対抗的に復活、再生したのがこの用語だった。これから10年もしないうちに、こうした評価が定まるだろう。「戦後最大の反動期」に対抗する概念が「立憲主義」だった。この議論と抵抗の時期に１９６０年安保闘争のときの学生運動指導者がこんなことを語った。「戦後民主主義はまるまる消されてしまった」。１９４５年からはじまる戦争を経験した民衆による民主主義の闘いは、この日本に軍国主義のくびきから解き放たれた輝く社会を誕生させる息吹に満ちあふれていた。たとえばＮＨＫのアーカイブで１９４６年に復活した戦後最初のメーデーの映像を見ることができる。全国東宝系の劇場で上映された「日本ニュース」だ。若い女性たちの晴れ晴れとした顔。デモ行進に教師たちがいるのを発見して、子どもたちが駆け寄り、いっしょに歩く姿。大阪のデモではおそらく沖縄出身者だろう、カチャーシーを踊りながら行進する男性の姿もある。そこにあるのは誇りであり、未来への希望であった。これが戦後日本の出発点だ。

解放感は世界でも共通する。国会の議員会館の私の机上には葉書大の写真が飾ってある。ロバート・キャパがナチス・ドイツの占領から解放された直後のパリの群衆を記録した一枚だ。一人ひとりの顔をなんど見つめたことだろう。長年にわたる政治的にも精神的にも閉塞した時代から解放されたときの人間の表情はなんと明るく、神々しいものか。それは戦争だけではない。たとえば韓国で独裁政権が打倒されたときの民衆の輝きをわたしたちは同時代のこととして目撃してきた。しかし、まてよと思う。フランスのレジスタンス、韓国での学生や労働者の犠牲者を出した抵抗など、まさに生命をかけた闘いの結果として解放があった。日本はそうではない。戦時中の抵抗はごく少数の者によって行われ、時代の転換は外部からもたらされた。そこに日本の民主主義の脆弱さがあるのではないか。わたしはそう思う。それでもここから出発するしかない。戦後に民主主義の旗を掲げた人たちもきっとそう考えたに違いない。

そうした時代精神を身にまとって生きてきた一人に１９３８年生まれの編集者、津野海太郎さんがいる。２０１８年末に出した『最後の読書』に戦後復興期の興味深いエピソードが紹介されていた。１９５１年から56年にかけて『児童百科事典』全24巻が平凡社から発売されたのだ。編集委員会の委員長は、人文・洋学系の「大知識人」の林達夫だ。編集スタッフの合言葉は「人民政府が樹立したのちにも、そのまま通用することも百科を」だったと津野は書いている。敗戦から8年。朝鮮戦争があり、世界が冷戦体制に入っていたとはいえ、日本の未来には大きな希望がまだあったことを示している。国民レベルのレジスタンスがなかった日本であっても、軍国主義のもとで思想的自由や表現の自由がなかったことへの内心の反発は強くあったことだろう。新しい日本建設への思いは満ちあふれていた。

その空気のなかで生まれてきたひとりの闘士が、人生の晩期に「戦後民主主義はまるまる消されてしまった」となぜ嘆かなければならなかったのだろうか。たとえば60年安保闘争だ。あのころ国会を30万人もの群衆が包囲して抗議した。小学校一年生だったわたしも親に連れられて国会周辺をデモして歩いた。八百屋も本屋もいたことを覚えている。社会は揺れ動いていたのだ。もちろんケータイ電話やインターネットもない時代である。科学技術は進んでいくが政治は逆コースに向かうことがある。それが「いま」だろう。戦後最悪の首相はやがて退陣していく。穏やかにことが終わってほしいとはまったく思わない。なぜなら多くの戦争体験者の日本への理想を踏みにじりながら、世相を荒々しく対立させてきたからだ。

　若者から高齢者まで、街ですれ違う一期一会の人たちの人生に想像力を働かせながら、いま国会で仕事を続けている。下品なヤジを飛ばす議員たちを眼にすると、この人たちはいったい何のためにここにいるのだろうかといぶかしむことも多い。それでも国民が選んだ選良だというのだから、これが日本なのだと冷笑的（シニカル）に突き放すしかない。しかしこれでは日本は危機を深めるだけだ。ならばどうするか。多くの難題を抱えながら希望の芽を内包する立憲民主党とともに進み、再び政権交代を実現するしかない。わたしがこの党を選び、「人生後期の仕事」として主体的にかかわっているのも、日本を変えたいからだ。

本書は弓立社の小俣一平さんの立案ではじまり、ジャーナリストの二木啓孝さんの協力によって実現し、枝野幸男代表、江崎孝議員、若手国会議員座談会、自治体議員・予定候補者のインタビューで構成されている。お二人とは長い長いおつきあいで、こうした仕事でご一緒できるとは思いもしなかった。人生航路はそれぞれ異にしていても、いつしか交差することがあるのもまた楽しからずや。この日本を変えなければならないとの切実な願いがこの小さな新書を誕生させた。立憲民主党にとっても正念場である。2019年の統一地方選挙、参院選挙のために役立つ実践の武器たらんことを心から願う。

2019年初春　有田芳生

50分でわかる！　立憲民主——まっとうな政治　目次

〈立憲民主党の経緯〉

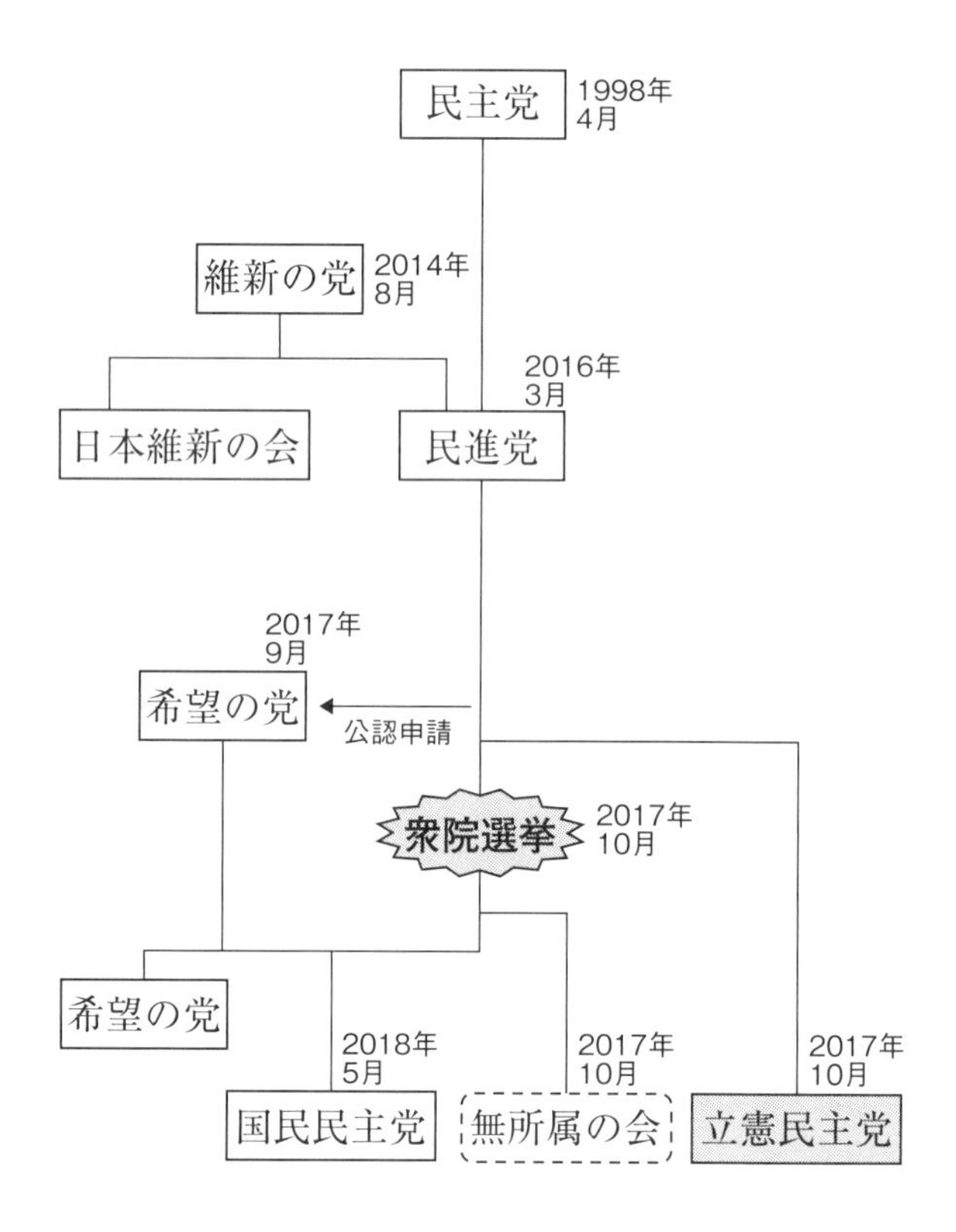

2019年1月現在

第1章　わたしが立憲民主党にたどり着くまで

撮影／上森清二

有田芳生（ありたよしふ）
1952年生まれ　出版社勤務、ジャーナリスト、テレビコメンテーター、参院議員（2期目）、民主党、民進党から立憲民主党　党沖縄県連代表

「自由で独立した個人の集合体」としての政党

一人ひとりの顔と性格が異なるように、組織のありようも多様であっていい。ところが現実には組織に所属し、その鋳型に入ると言葉も同じように染まり、ときに身振りやイントネーションまで似てくることがある。若き日の自分史を振り返ってもその自覚がある。組織を「他者の眼」で見つめたらどう映るだろうか。よくいわれる弊害は「金太郎あめ」だ。どこで切っても金太郎の顔がある。そうではなく、自由で独立した魅力ある個人の集合としての組織とはどんな姿だろうか。そんな政党はそもそも成り立つのだろうか。

日本はそれぞれの地域に共同体が形成されている。そこには長い歴史によって堆積された独自の文化がある。方言もそのひとつだ。２０１８年暮れの参院本会議。外国人労働者の受け入れを拡大する法案をゴリ押しする法務委員長の解任決議案を提案する演説の一節で、わたしは井上ひさしさんの「吉里吉里人」を引用した。1973年から発表されはじめたこの作品は、ひどい政策を押しつける日本政府から、岩手県一関の盆地に住む人たちが、分離独立するという想像力を刺激する内容だ。

「政治家の言葉は池（えげ）の水さ書（け）えた文字（もず）と同（おんな）じ事（こつ）。言（ゆ）った傍（そんば）からすぐ消（け）えでぐっちゃ」

ここで指摘したいのは政治家の言葉が信用できないということではない。言葉が違えば認識も微妙に違うことだろう。同じものを見ていても、どこか風景が違って見えるのではないか。言語の認識に与える影響を軽視してはならないのだ。たとえていえば「政党機関紙が背広を着ている」ような没個性集団ではいくら「正しく」とも主張の広がりに限界がある。それぞれの人生を背負った自分という濾過（ろか）装置を通過して発せられた言葉でなければ説得力も弱くなる。ましてや理念や政策は本質論の段階から実体論にまで咀嚼（そしゃく）されなければならない。こういうことだ。
水は分子式でいえばH_2Oだ。これは本質論。しかし必要なことは、その水がどのような状態にあるか〝コップのなかにあるのか、川を流れているのか〟を理解することだ。本質論でも現象論でもない実体論。これは物理学者の武谷三男さんが唱えた「武谷三段階論」である。情勢分析とはそういうものだとジャーナリストの山川暁夫さんから何度も教えられてきた。本質論だけでは相手に伝わらない。政治家（一般人）の言葉も同じだろう。『魔女の宅急便』で知られ、アンデルセン賞を受賞した児童文学作家の角野栄子さんは、言葉の働きについてこう語っている。

「読書を通して言葉が自分の中に降り積もり、その人というものが存在する。私はそう思います。積み重なった言葉は、やがて人が生きていくうえで力になる。落ち葉が腐葉土になり、肥料になるように。自分の言葉や表現で、物事を語ることができるって素敵なことだと思います」（『サライ』２０１９年1月号）。

「自分の言葉や表現」で物事を語るというところがポイントだ。東京と大阪が違うように、沖縄と北海道とは異なる。もっと狭い地域共同体もそれぞれの歴史に彩られた独自の特徴がある。ところが「大きな政治」に画一化され、それぞれの相貌がおしつぶされていないか。「標準語」という「東京語」が日本社会を覆ったようにである。18歳で政治にかかわるようになってから、ずっとそんな思いでいた。政党の中央本部が東京にある。それ以外の地域は下部組織として並列して存在する。たとえば沖縄県連、沖縄県委員会といった組織系列である。本部が方針を決めて下部組織はそれにならう。言葉もスローガンも同じだ。

わたしはそんな政治の現実にずっと違和感を感じてきた。それは国会議員になってからも身にしみて感じている。その転機になるかもしれない。それが立憲民主党の誕生だった。さらに付け加えるなら2018年8月29日に結成された沖縄県連の代表を務めることになったことである。その私的前史をたどる。

民進党に離党届を出した理由

人生ではじめて5日間の入院を経験したのは2017年10月はじめのことだ。ある夜、呼吸が困難な状態に突然襲われた。原因は風邪からきたことが精密検査で判明する。慈恵医大病院のベッドに横たわり、衆院選挙で新党「希望の党」のブームがどこまで広がるのか、「排除」された新党「立憲民主党」がどこまで国民に受け入れられるのかが気になっていた。メディアは希望の党が政権を取るのではないかとまで絶賛した。いわゆる「小池（百合子）ブーム」だ。

民進党がまるごと希望の党に合流するとの方針が明らかになったとき、わたしが参議院で所属していた民進党・新緑風会の議員総会が9月27日の午後9時に招集された。そんな時間の開催ははじめてのことだ。「重要問題なので欠席は認めない」ということにもただならぬ気配を感じていた。異例の総会だ。新宿の喫茶店の夕刻。わたしは連続してこうツイートした。

〈午後9時から民進党参議院の議員総会が急きょ召集されました。重要問題で欠席は認めないとのことです。希望の党は民進党からの移籍希望者を選別するといいます。状況への拝跪は思想的敗北です。〉

〈民進党と希望の党が合流する構想が強まっているという。「いう」と書くのは、いわゆる「ボス交」（ボスの交渉）でことが進んでいるから、全く知ることができないからだ。リベラル派を選別、置き去りにしての合流だとの解説もある。安保法、共謀罪などに賛成した議員との合体は「悪魔」との握手だ。〉

新宿から国会へ戻り、議員総会がはじまった。小川敏夫議員会長は冒頭の挨拶で、翌日に行われる衆議院と参議院の両院議員総会で前原誠司代表からどんな提案が行われるかをいっさい語らなかった。とにかく大事な総会だというばかりだ。質疑に入りわたしは最初に挙手をして疑問を述べた。ほかの議員も発言したが、なかには「思い切って合流するしかない」という意見もあった。わたしは三度の発言で危惧を表明するしかなかった。

両院議員総会が翌9月28日に開かれた。いまから振り返っても悶々としていた気持ちを思い出す。一夜で自分の批判的評価が変わるはずもない。発言すべきだろう。しかしことは衆議院解散を受けての衆院議員と候補者の判断を優先しなければならないとも思った。前原代表もすべての議員が希望の党に合流するのが原則だと繰り返した。深い危惧を飲み込んだまま総会は終了してしまった。民進党の希望の党への合流が決まった。拍手はまばらだったと記憶する。

衆院選挙を前にして枝野幸男議員を代表とする立憲民主党が結成された。案じたとおり希望の党をひきいる小池百合子都知事は、リベラル派とされる議員を露骨に排除すると公言したからだ。果たしてどんな総選挙の展開になるのか。病院のベッドで普段はほとんど見ることのないテレビを見ながらそんなことを心に浮かべていた。あるとき江崎孝議員から電話があった。入院していることを伝えると用件をいわずに切れた。あとでわかったことだが、選挙戦で立憲民主党の広報を担当してほしいという依頼だった。健康ならば引き受けていただろう。したがって、わたしの立憲民主党への入党はこのときになっていたはずだ。

12月11日、わたしは国会に近い民進党本部に離党届を提出した。

> 執行部のみなさんが党再建の努力をされているときに心苦しいのですが、このたび自分なりの思想に正直であろうと判断し、民進党を離党させていただきます。
>
> 長年にわたるご交誼ありがとうございました。心からお礼申し上げます。
>
> 有田芳生●（印）
>
> 二〇一七年一二月一一日
>
> 大塚耕平代表殿

辞表には「一身上の都合により」といった決まり文句が記されることが一般的だ。そうした表現だけはしたくなかった。民主党の参院議員になり、国会で仕事をするようになって7年5か月ほど。最後は民進党に所属したが、多くの同僚や党職員にお世話になってきた。その感謝の気持ちとともに「自分なりの思想に正直であろうと判断」と書いたことが、いちばん重要な意思の表明であった。立憲民主党に入党することに何のためらいもなかった。労働組合などの団体に依拠しているわけでもない。国会議員になってから、すべて自分の判断で行動してきた。その延長線上に立憲民主党という新しい政党があった。

「すぐ国対に来てください」

民主党の事務局から「すぐ国対に来てください」との電話が議員会館の自室にあった日のことをよく覚えている。２０１１年、原子力発電所のベトナムへの輸出を認める法案に賛成しなかったときのことだ。原発はいらないという信念だけではない。『地球の歩き方ベトナム』（初版。当時のベトナムは「フロンティア」と呼ばれ「辺境」扱いだった）を書くためにハノイからホーチミンなど、全土を歩き、多くのベトナム人と交流したのは、1986年のことだ。それ以来何度もベトナムを訪問した。何しろ超大国アメリカに小国のベトナムが勝利したのだ。戦争を指導したボー・グエン・ザップ将軍（副首相）にインタビューしたことも貴重な経験だった。つまりベトナムの国と人間と自然には深い思い入れがある。そのベトナムに原発など輸出してもらいたくない。理論と感情が一致した。

党の方針に逆らうことに躊躇はなかった。部屋にいくと何人かの造反者が座っていた。幹事長が重々しげな口調でこう言ったことだけは忘れない。「こんな行動をした以上、党の役職につけると思わないでください」。内心に反発が生じた。「役職を求める価値観なんてまったくありませんよ」。言葉をのど元で飲み込んだ。憲法審査会の設置で造反したときにも呼び出しを受けた。野田政権のときには消費税増税に反対したのが、三たびの造反だ。また呼び出しがあるぞ。そう思い、本会議が終わるとすぐジムに行き、泳いだことを覚えている。あとで秘書に呼び出しはなかったと聞いた。諦めたのだろう。

憲法にせよ、原発にせよ、消費税にせよ、重要政策でことごとく相入れない政党に所属していたのだから、精神的に健康ではありえなかった。思想に関わる根本問題だからいかんともしがたい。それでも独自に取り組める課題はあった。ヘイトスピーチ（差別の煽動）に抗する現場と国会とを結びつけることがひとつ。さらに拉致問題での独自の行動である。前者は民主党（当時）の同僚や他党の議員との共同作業だったが、党から指示されたものではなかった。後者はまだ明らかにすることはできないが、いずれ記録をまとめることになるだろう。所属政党の指示ではなく、なすべき課題はいくらでもあった。

国会議員であろうがなかろうが、人間の究極的な判断と行動は「一人から、一人でも」なのだ。人間としての原理だ。ところが政治の世界は往々にしてそうではない。党議拘束があるから、異論があっても採決時には自分の判断を押し殺し、党の見解に従わなければならない。組織政党としては当然の原則である。ならば理念や政策でできるだけ一致できる政党に所属するのがいい。現代的課題でいえば、わたしにとっては憲法、原発、消費税、沖縄である。民主党、民進党ではこの問題で真っ向から対立する議員が多かった。その軋轢が立憲民主党ではスッキリとほぼ消えてしまった。自分に正直でいることができる。これほど精神的にいいことはない。その延長にあるのが沖縄での取り組みだ。

沖縄はジャーナリストとしての原点

2018年8月29日、立憲民主党の沖縄県連が結成され、代表に就任した。残念ながら沖縄には立憲民主党の国会議員も県議もいない。わたしは参議院の比例区選出だから沖縄をふくむ全国が活動地域だ。しかも、20代から沖縄に強い関心を持ってきた。アメリカによるベトナム戦争に反対する行動に参加したのは10代のことだ。沖縄からベトナムへと米軍機が飛び立っていた。まだ日本に復帰していなかったが、沖縄は戦争の拠点でもあったのだ。はじめて沖縄に行ったのは1986年。『朝日ジャーナル』の取材で2週間滞在し、「天皇と沖縄」というルポを書いた。そのとき沖縄タイムスの記者や歌手の海勢頭豊さんとも知りあった。県連代表になってから海勢頭さんに再会し、仕事を依頼したことは、小さな歴史の巡り合わせだ。

沖縄で政治活動を続けてきた議員や労働組合員を中心に県連が結成された。2017年の総選挙で立憲民主党は沖縄で比例区のみの立候補だったが9万4963票、得票率で15・11%を獲得している。有権者からの期待はあるものの、組織整備が追いつかないのが現状だ。そこを埋めていくのが当面の課題である。立憲民主党の地方組織の典型例を沖縄の土地で築きたい。それがわたしの強い思いだ。意外な発見をしたのは2014年と18年の夏にスイスのジュネーブで行われた人種差別撤廃委員会の日本審査を傍聴したときのことだ。その報告では「琉球・沖縄」というくくりで基地問題などが扱われていた。沖縄県民からすれば当たり前のことだとも思ったが、県連の役員会で話をするとどうも一般化した呼び名でもないことがわかった。国連という国際社会では琉球王朝からの継続として沖縄が位置していることを示すなら、この名称を沖縄県連の活動で使うことにためらいはなかった。

沖縄で立憲民主党が組織を確立していくには、その歴史と伝統に立脚するしかない。いわば土着の党組織をいかに育てていくかが課題である。その試みは2018年5月26日に枝野代表を招いて開催した宮古島でのタウンミーティングでも実行した。開会に先立って宮古島の民謡を女性たちによって披露してもらったのだ。三線に乗った歌声が続くうちに会場では男女が立ち上がり、カチャーシーを踊りだした。沖縄らしいなと思った。やがて男性が枝野代表に近づき、いっしょに踊るようにうながした。代表が踊り出し、会場はいっきょに盛り上がった。枝野代表のスピーチ、質疑応答で沖縄ではじめての催しは成功裡に終わった。ちなみに宮古島の人口は約5万人。タウンミーティングには200人を超える参加者があった。

「松の事は松に習へ」（松尾芭蕉）。沖縄のことは沖縄らしくである。沖縄県連は定期的に「琉球・沖縄セミナー」を開くことを決めた。各界の専門家を招いての講演会だ。しかも政治、経済、外交問題だけでなく、文学や世相などなど、沖縄にまつわる「すべて」をテーマにしていく。わたしたちは政治や経済に無縁ではありえないが、伝統や文化の空間で暮らしており、そこに現実を変えていく基盤がある。いわば政治や経済を包み込んで文化がある。イタリアの思想家アントニオ・グラムシのいうところの「知的・道徳的ヘゲモニー」「文化的ヘゲモニー」を沖縄という土地で「陣地戦」として展開していく。こうした視点からいずれ立憲民主党沖縄県連としての文化行事の開催も視野に入れている。

玉城デニーさんを県知事に当選させた「オール沖縄」による選挙でも発見があった。告示日の第一声をデニーさんは母親の出身地である伊江島に選んだ。人口は4500人ほど。約32万2500人の那覇市（平成30年10月末現在）にすべきなど、陣営では反対論があったようだ。だが、候補者本人が押しきった。正しいとわたしは思っていた。アメリカ海兵隊員の父をもつ玉城さんの母への想いだけではない。伊江島は沖縄戦で島民の二人に一人が亡くなっている。集団自決もあった。しかも米軍基地反対の「島ぐるみ闘争」がはじまった土地でもある。この伊江島を選挙戦の出発点としたことに、デニーさんの高い志が現れていた。

伊江島には沖縄北部の本部港からフェリーで向かうことになる。朝7時前に那覇市を出たわたしたち（辻元清美議員、江崎孝議員、党本部職員の溝口悠平さん、そしてわたし）は、9時出発の船になんとか間に合うことができた。伊江島までは約30分の航海だ。出陣式は切り立った城山（伊江島タッチュー）を背景に、玉城夫妻と翁長雄志前知事の盟友である金秀グループの呉屋守將会長の3人だけで行われた。周りを多くの支援者と報道陣が取りまいている。意外なことに政党で立ち会ったのは立憲民主党だけだった。じつはこのとき宮古島でのタウンミーティングに続いて重要なヒントを手に入れた。

「日毒」「琉毒」「アンダーグラウンド」

「周辺から中心へ」。沖縄県連の仕事をするようになって刺激を受けた詩集がある。石垣島在住の八重洋一郎さんの『日毒』だ。琉球王朝は薩摩藩の圧政と闘うため中国の清に助けを求める。そのときの文書に「日毒」という言葉があった。「日本による毒」だ。いまの本土と沖縄の関係は、歴史のなかに連綿と続いてきたのだ。しかも仔細に見ると「琉毒」という言葉もある。本島による八重山諸島などへの圧政をこう表現したのだ。本土が沖縄を差別し、沖縄本島が離島を差別する構造である。ノンフィクション作家の藤井誠二さんが長年の取材をもとにまとめた『沖縄アンダーグラウンド』にも、本島による離島差別が生々しく明らかにされた。

敗戦を迎えた沖縄では米兵から女性たちを守るという名目で風俗店が設置されていく。「真栄原新町」であり「吉原」だ。藤井はそこで働いた女性たちや経営者から話を聞き、歴史に埋もれた事実を発掘していく。奄美諸島や八重山群島からの出稼ぎ女性たちに多くの差別的な待遇があったというのである。本土の沖縄差別、沖縄本島による離島差別という構造的差別である。「日毒」「琉毒」とは、なんと激しい言葉だろうか。その実体たるや生身の人間の人生を大きく狂わせたことだろう。藤井の力作は、沖縄秘史に切り込んでいる。

わたしは沖縄県連の課題として、離島をくまなく歩く必要性を感じはじめた。県知事選挙では久米島に渡ったが、さらに粟国島にも足をのばした。粟国は北部の本部港から約2時間半。滞在時間3時間だったが、多くの方々にお会いすることができた。この島は「粟国の塩」でも知られるが、映画『洗骨』でも描かれたように、いまも風葬が行われている。久米島に行った後日、県連事務所に「よく来てくれた」と電話があった。粟国島でも同じ感想を伝えられた。立憲民主党は沖縄本島での行動はもちろんだが、どんな土地も足跡を残していく。そんな政党でありたい。

観念論の政党からの脱皮

２００９年に民主党政権が誕生し、３年３か月で崩壊した。政権ができたとき、メディアの多くは10年は続くだろうと予測していた。わたしが初当選したのが２０１０年７月。すでに民主党が政権を担っていた。内部から政権を見ていたわたしは少なくない議員の生態に違和感を感じていたので、一時はいつか公開しようと「国会漫録」と題した文章を秘かに綴っていた。たとえば議員会館からすぐ近くの飲み会にも院車（世間でいう「黒塗りの車」）を使うのを目撃して、議員特権というより、価値観の大きな違いに憤（いきどお）りを感じたものだった。こういった水準の数々を目撃してきた。いまでもよく覚えているのは深夜に及んだ２０１２年の消費税論議である。

消費増税に賛成か反対か。野田佳彦政権は自民と公明との三党合意で増税を認める方向だった。やがて小沢一郎グループの集団離党を招いた議論である。わたしは最初から増税に反対だった。日本のGDP（国内総生産）の6割を占めるのが個人消費だ。それが動かないことには日本経済は好転しない。実質賃金も下がったままである。大企業の内部留保は貯まる一方だ。こうした指標が経済問題を判断するときの基本だった。深夜の会議室には多くの議員が集まっていた。論点がかみ合うはずがない。わたしにすれば、意見を出させるだけ出して最後は決定を推し進める執行部による「ガス抜き」にしか見えなかった。反対する議員にも深い違和感を感じていた。銀行員やシンクタンク出身の若手議員は、専門的な知識をこれでもかとばかりに開陳する。いったい誰に向かって語っているんだろうか。国民が聞いてもとうてい理解できない観念論議が続いていた。

重鎮だった石井一議員が席を立って退出した。議論の水準に呆れたのだろう。「キャリアのない奴らがキャンキャン吠えとるわ」。会議室の外に待機する記者に向かってそうつぶやいていた。政権交代選挙で当選した若手議員のなかにそうした傾向があった。きらびやかな経歴なのだが、「世間」というものがないように思えた。わたしはノンフィクションを書くことを志したとき、本多勝一さんの「作文技術」に影響を受けてきた。

文章は自分の母にもわかるように書けという教えだ。テレビのコメンテーターをしていたときに心がけたことでもある。言葉は相手に届かなければまったく意味がない。口から発せられた瞬間に揮発するような言葉などないに等しい。

あの会議が終わったのは深夜2時半ごろだったと記憶する。司会が政調会長だった前原誠司議員への「一任」を宣言して一方的に会議を閉じた。前原さんは右手に移動し、後方のドアから出ようとする。そこに反対派の議員が殺到し、外に出ることがままならない。左手に向かう。若手議員が「待て！」と叫んで追いすがる。わたしの眼の前を前原さんが足早に逃げていく。顔面は蒼白だ。「手は出すな！」と誰かが叫んでいる。賛成派に取り囲まれた前原さんは会議室からようやく出ることができた。

こんな様子はテレビの取材班も入っていないから、国民の誰も目撃していない。しかしこれがこの国の政権を担っている民主党の実情だった。いま思い出しても情けない。大きな政治テーマでの意見の違いはこんな戯画的な出来事を生じさせるのだ。人間的な不信感や感情の亀裂も生んだだろう。

立憲民主党に入党をしたころ、参院議員は6人しかいなかった。議員の会議は衆院議員が主体だ。わたしはその会議で自由に発言をした。なぜかといえば、党をどのように育てていくかが課題だったからだ。「白紙からの出発」。みんなの力でどのような絵でも描くことができる。わたしはイタリアの「5つ星運動」の組織論を参考にすることを提案した。沖縄県連での仕事もそうだが、自分たちの党を最初から創っていく喜びである。これまで所属してきた政党は歴史を重ねてきただけに、定型的な組織論が定まっていた。そこに新たな内容を加えることは新党よりも困難だ。あえて加えておけば執行部の性質も関係あるだろう。権威主義的指導者ではなく、できるだけ自由な精神の指導者がいるほどに「風通し」はいい。

イタリア左翼政党のおおらかさ

わたしは1991年にイタリア共産党最後の大会を取材した。『世界』などに企画を持ち込んだが断られ、取材費を出してくれたのは、なんと『週刊プレイボーイ』だった。ちょうど湾岸戦争のときで、日本からのエコノミー席はガラガラ。おかげで肘掛けをあげて横になって眠ることができたことを覚えている。イタリア共産党は「100万の党」をスローガンに掲げ、総選挙で30%台の支持をえたこともある。1970年代には「ユーロコミュニズム」を唱え、いつ政権を担うかが話題になっていた。その党が解党し左翼民主党になるというのだ。わたしの関心は組織論にあった。ローマから列車で3時間半、海辺の街リミニで大会が開かれた。

党大会の会場に足を踏み入れた瞬間に驚いた。受け付けに向かうときに聞こえてきたのはホイットニーヒューストンの歌声だった。会場で対応してくれたのはおそろいの服を着たミニスカート姿の女性たちだ。「共産党」というイメージからはかけ離れていた。大会で何が議論になっていたかは言葉がわからないのでサッパリわからない。当時イタリアに留学していた後房雄名古屋大学教授（当時）に解説してもらうしかなかった。

人間の記憶というものは、いやわたしの記憶と言ったほうがいいのだろうが、大会の内容よりも印象的な光景が蘇ってくる。党の幹部が「カッコいい」のだ。まず背広がいかにもイタリアのブランドだ。わたしも1992年からのテレビ時代はカジュアルなイタリアブランドの「allegri」ばかり着ていたので、その雰囲気が多少はわかる。その紳士が小脇に新聞数紙を抱えて歩いている姿が様になっている。日本の政治家の多くが「ドブネズミ色」と揶揄される背広を着ているイメージとは対照的だった。

昼休みになり再開は午後2時だとアナウンスがあった。近くのレストランに行くと大会代議員が昼食をとっている。そのテーブルにはごくあたりまえのようにワインの瓶が並んでいる。わたしたちはいかにも日本人らしく、定刻に会場に戻った。ところが空席が目立つのだった。まだ食事から戻っていないことは明らかだ。ルーズだなと思ったもののの、これがイタリア風なのだとも思った。ローマからの列車は何の説明もなく遅れに遅れるのに、抗議する人も少ないようだ。日本人なら大騒ぎになることは確実だ。

イタリア共産党は左翼民主党に変身し、やがて政権に入っていく。2006年には、かつてイタリア共産党の議員団長だったジョルジョ・ナポリターノが大統領になった。

そうした動向に反対したメンバーは共産主義再建党を結成したが、勢力を拡大したという話を聞かない。この大転換を政治的に判断することが、ここでの目的ではない。党組織のスタイルに注目したいのだ。名実ともに庶民とともにあり、同時に現場主義に徹していることである。机上の空論などは有害だ。「鳥瞰図的（ちょうかんず＝鳥の眼）な党」ではなく「虫瞰図的（ちゅうかんず＝虫の眼）な党」である。高みから見るのではなく、あくまでも低い視線でいることだ。個人的経験がある。

わたしの現場主義は変わらない

ヘイトスピーチが吹き荒れた２０１３年のことだ。東京の新大久保と大阪の鶴橋が主戦場だった。その現場にどれほどの国会議員が駆けつけ、抗議しただろうか。ほとんどといっていいほど来ないのだ。あるベテラン議員に「こんどはいつデモがあるの」と聞かれた。日程をお知らせすると「あっ、地元に帰らなければならないから行けない」と言われた。差別主義者と対峙するのは精神的にも肉体的にも重いものを抱えこむ。それでも「現場に立つ」議員が、国会でも地方議員でも増えていくことで、現実も認識も変化していく。認識が変われば感性も変わる。その相互作用が人間を変えていく。政党の基本的機能も現場主義であってほしい。

1960年代後半からいままで、日本の政治を見てきて深い落胆がある。「こんな日本になるとは思いもよらなかった」からだ。諦観ではない。反抗心はいつになく高まっている。若い世代の保守化をいかに変えていくのか。これは立憲民主党だけの課題ではない。日本社会の質と今後にかかわっているからだ。各種の世論調査ではおしなべて20代、30代の多くが自民党を支えている。わたしが政治にかかわるようになった1960年代後半の政治社会状況からは考えられないことだ。何が違うのか。非正規労働者の増加や少子高齢社会の到来がもたらした影響など、経済問題が原因であることは基本だが、それらを包みこんでいるネット環境は人間の認識と世界を根本的に変えてしまった。

フェイク（ウソ）がリアル世界を確実に撹乱しているからだ。実感としてはオウム事

件に巻き込まれた１９９５年がエポックだった。わたしがMacのパソコンと携帯電話を使いだした時期である。「Windows95」が発売された年でもある。いまやインターネットを駆使し、日本で匿名で発信できるツイッターを使っているのは４５００万人。人口の約３分の１弱である。ネットで流通する情報は正しいとは限らない。リアルを虚偽が席巻する。恐ろしい世界にわたしたちは生きている。「僕はインターネットについて、けっして、悲観しているわけではない。僕は、ソーシャル・ネットワークの存在について悲観的なんだ」（マルクス・ガブリエル）。個人的経験を紹介する。わたしの話を授業で数十人の学生が２年連

続で聞きにきたことがある。『朝日ジャーナル』でお世話になった藤森研さんが専修大学教授になっていたから実現した。驚いたのはあとで届いた感想文だった。「ネットで書かれているのを読んでいたら悪い人かと思っていました。そうじゃなかったです」。こんな感想が数人からあった。苦笑するよりも深刻だなと思った。

いまこそリアル＝現実の復権を

国会では首相が「民主党政権時代は」などと失敗の経験をレッテル貼りして印象操作を繰り返す。答弁席からヤジまでとばす。その権威にどこまでも尻尾を振る評論家、ジャーナリストもどき、大手メディアの記者、出版社役員、編集者などなどが、恥ずかしい阿諛追従（あゆついしょう）を行なっている。それが安倍政権の6年間だ。日本社会は確実に変質してしまった。本来なら森友学園、加計学園問題で政権は崩壊していたはずだ。親しい知人の私利私欲を権力の手で実現するなどというのは、後進国政治の典型ではないか。ところがこんな政権が継続する日本の現実がある。真に深刻なのは捏造、隠蔽が横行し、ウソが平然とまかり通り、責任者が居直る時代をわたしたちが通過していることである。

ヴァルター・ベンヤミンは『複製技術時代の芸術作品』のなかで、オリジナルとコピーの差異が消失した社会を分析した。いま求められているのは「事物の権威、事物に伝えられている重み」（ベンヤミンはこの重みを「アウラ」と呼んでいる）の復権なのである。

不安定な時空間であってもリアル（現実）を取り戻さなければならない。何が必要なのだろうか。この時代のなかにヒントがある。沖縄の辺野古新基地建設に身体を張って反対している人たちがいる。ヘイトスピーチのデモがあれば、ネットの告知を見て、どこからともなくカウンター（対抗）に駆けつける一人ひとりがいる。女性の尊厳を踏みにじりながら政権の犬として守られたジャーナリストへの抗議も高まり、国際問題にまで広がった。こうした人たちをどれだけ見てきただろうか。諦めないのではなく、諦めることなどできないのだ。ネットでフェイクが横行するなら、それをうわ回るリアルを広げていこう。フェイクで事実をなくすことなどできはしない。リアルの復権をいまこそ実現しよう。

立憲民主党の歴史的責任はとてつもなく重い。沖縄県連のパートナーズの女性がこう言った。「名刺など持たないひとたちが動きだしている時代です」。作家の城山三郎さんの言葉でいえば「無所属の時間」を生きる人たちに働きかけていくことだ。組織に所属しない時間に、人は精神の自由を回復することができる。そこに立憲民主党の理念と政策を届けていきたい。その言葉を真剣に模索していくことだ。「干物としての言葉」ではなく「生ものとしての言葉」である。わたしは沖縄県連の代表として、試行錯誤は覚悟のうえで、県連の仲間やパートナーズのみなさんとともに、新しい回路を開いていく。そして全国の組織、党員、パートナーズのみなさんとともに切磋琢磨することで、この日本の危機を一刻も早く打開したい。

翼を広げて多くのひととつながっていく

立憲民主とは何か。それは憲法が権力をしばるという立憲主義にとどまらない。「立憲」と「民主」の融合だ。民主とは制度的なものの水平性などとの解釈もあるだろうが、わたしは社会的立場や役職を超えて人間が本質的に対等であることだと理解している。すべてのものごとの根源には人間があるからだ。重要なことは、ここでも本質論にとどまらないことである。働く現場で、生活の現場で、あらゆる現実の場で、国民生活を破壊する政権の暴走を許すことなく、しなやかに日本の現実を変えていこう。徐々に、しかし確実にである。

わたしが最初の政党に所属したのは１９７０年5月10日、母の日だった。苦難の戦後を闘い、働き、わたしたちを育ててくれた母も２０１６年に亡くなり、いまを伝えることができないのは残念だ。わたしがここで言いたいのは、広島、長崎、沖縄に象徴される、すべての戦争経験者世代への想像力と共感である。日本を変えなくてはならない。かくて政党の所属は立憲民主党で5つ目になる。それぞれの政党でお世話になり、さまざまなことを学んできた。思えば挫折のほうが多かったようにも思う。しかし「失敗があるから発見がある」（鶴見俊輔）。長いようで短い時間が過ぎていき、いまここに立つ。

立憲民主党の一員としてこれまでにない自由な精神を感じていることが不思議でもある。もはや日本にとっても時間がない。わたしの与えられた課題でいえば、沖縄の辺野古に新基地を作らない新しい政府を一日も早く樹立することだ。国際社会に開かれた日本は在日外国人とともに生きる社会でなければならない。人間としてもっとも醜い差別を許さない社会でもある。立憲民主党を基盤にしながら、翼はできるだけ広げて多くの人たちとつながっていきたい。映画『ボヘミアン・ラプソディ』で話題となったロックバンド「クイーン」のフレディ・マーキュリーが「人とつながることがすべてだった」ように、国民とともに進むことだ。「生活は低く、志は高く」。枝野幸男代表が「立憲民主党はあなたです」と訴え続けていることは「立憲民主」の気高い思想なのである。

第2章　とことんインタビュー

枝野幸男（えだのゆきお）
1964年生まれ　弁護士、衆院議員（9期目＝埼玉5区）、
民主党幹事長、政調会長、官房長官、経産大臣
2017年10月に立憲民主党を設立し代表

全国に「立憲主義の旗」を立てる

――２０１７年秋の党結成から１年。当時の世論の熱気がだんだん冷めているようにも見えます。

去年10月2日に、結党を決意したときのことを考えたら、想像できないぐらい順調だと思っています。その一方で、野党第一党としてやるべきことという観点からは、まだ一歩目だなという思いもある。有権者から与えていただいている立場とのギャップが課題です。

――ギャップとは、例えばどういうことでしょう。

地方組織がまだ47都道府県にそろっていません。何とか県連を立ち上げてもらっても非常に脆弱な体制です。資金的にも十分ではないので、党のスタッフの数も足りません。今できることには、やはり限界があります。

――自民党の県連組織は相当長い歴史があります。むこうは地域に根差しているなと感じられますか。

もちろん、われわれとは比べものになりません。しかし、こうも思っています。私が国会議員になった25年前のことを考えると、自民党の組織は相当、脆弱になっているなと。安倍政権になっても、必ずしも強さが戻ってきているとは思っていません。自民党の得票数は２００９年の政権交代の総選挙のときと比べても、そんなに増えているわけではない。根強い組織は残っているんでしょうけれども、広がりはかなりなくなっているんじゃないか。これは間違いないと思います。

――選挙制度の問題があるので、議席数それ自体が党勢ではないとしても、自民党の脆弱さとは何に起因しているのでしょう。

組織の硬直化や内向きになっていることです。例えば、地方の首長選挙で、自民党と野党の対決構造になったようなときに、自民党は本当に最後の最後で、組織の締め付けでガリガリッと票を掘り起こしてくる強さがあった。これがものすごく弱くなっている。

その典型が2018年9月の沖縄知事選挙でした。もちろん、私たちにはそのガリガリッと締め付ける力自体がないのだから、その違いはあるのですが。今の自民党に新たな票を掘り起こせるかというと、それは違うと思います。

――結党から1年経って、今の立憲民主党は地方から湧き上がってくるものがありますか。

ええ、あります。すでに立ち上がった40都道府県連（2018年11月当時）の中には国会議員が全然いないというところがある。自治体議員さんであるとか、あるいは議員でない人がいろいろと動いて、立ち上げにつなげてくれた。そんな地域は少なからずあります。もちろん、まだムラがあるのが現状ですが。

――地方の労働組合の人たちはどんな関わり方ですか。

立憲を応援してくれている労働組合の皆さんは、それぞれの地域で協力していただいている。しかし、政党を立ち上げるとなったら、そうはいかない。いわゆるかぎかっこ付きかもしれないけど「市民」に支えられている国会議員、地方議員さんを含めた幅広い人たちが中心を担えるところが動き出す。今は、それが早くできたところ、ようやくできかけているところ、まだこれからというところと、分かれています。

――代表がこのところ頻繁に地方を回っているのはそのためですか。

はい。立ち上がりつつあるところとか、立ち上がったところに勢いをつけるには、やはり私が行ったほうがいいだろうと、できるだけ足を運ぶようにしています。もっとも、だんだん党のチームとしての動き方ができてきたので、地域の事情に応じて、例えば長妻昭さんが行って政策の話をしてくるとか、辻元清美さんが行って煽ってくるとか、いろんな役割分担をしています。

――2018年総選挙のときに「吹いた風」は、最近は吹いていますか。地方によって風速や風力などの差がありますか。

「風が吹き得る状況」は全国的にまだあると思っています。ただし、その風を風として実感するには県連のような組織の旗を立ててないと感じられない。その旗が低い旗だと、やっぱりそよ風にしか感じられない。高い旗をきちっと掲げることができれば、なるほど、今こういう風が吹いているんだってことを、みんなで感じられる。

世論調査の政党支持率も、地域によって非常に差が大きいんです。一般的に言うと、やっぱり旗が立っているところは、そこそこの支持率がある。ところが、旗が立っていない地方だと地元のニュースにも、立憲の「り」の字も出てこない。その地域の有権者の人たちは「期待して投票したけど、1年間何も見えないよね」っていう状況が続いている。そこに旗が立つと、「これから何をやるんだろう」と注目をしていただける。そんな状況はまだ続いていると思います。旗を立てて、関心を維持してもらい、それを確実な支援につなげていくということだと思います。

――党の存在価値を示すには選挙も大事です。

そういう意味では2019年には、統一地方選挙と参院選挙があります。そういう時系列的な流れがあることは良かったと思っています。統一地方選挙までには候補者を立てて、そこに旗を立てて戦うことになる。結党から2年弱で、次の大きな国政選挙が行えるのだから、風を感じるための旗を立てないといけないと思います。

立憲主義へのこだわり

――その旗に何と書くのか、つまり党の方針です。代表が繰り返し主張している「立憲」と「保守」。「ちょっと古いかな」とも思いますが、あらためてうかがいたい。

この間の政治の動きで、やはり大きな転換点は安保法制でした。それはまさに立憲主義がいかに大事かということを再認識せざるを得ない状況にありました。そこがスタートだということなので、やっぱり立憲という言葉にはこだわりました。中には「憲の字は難しいから選挙で損だ」という反対論はあったんですが、ここはかなり、私が強く押し切りました。しかし、若い層の人たちにとっては、古いというよりは新しい言葉だったんです。さらに党のロゴも非常にポップなものを作ってくれたので、古臭いイメージとはつながらなかったということもあると思います。

もう一つ、古臭いと言われてもいいと思ったのは、王道の政党を作りたいと思ったからです。軽い名前の、いつなくなるか分からないような政党名にはしたくない。本格政党だということを示したいと。それには、若干、古臭いという声があったとしても、むしろプラスじゃないかなというのが、立憲という言葉の思いです。

――若い人たちの反応はどうでした。

民進党の代表選挙以来、若い人たちを中心に、ネット戦略とか、街頭演説は車の上からじゃないほうがいいとか、いろんな戦略的なサポートをやってもらっていました。あえて言えば右傾化的な政治関心でなく、私たちのような政治勢力に期待をしている若い人たちが作った政党と思っています。ではそれが、どれぐらい伝わっているか。むしろ実際は、それがもうちょっと上の世代のほうに響いていて、20代前半の人に届いていくかはこれからだと思います。

まっとうな「保守」とは何か

――もう一つ「保守」です。これは概念や定義づけはなかなか難しく、伝わりにくい。

日本では「保守」対「リベラル」みたいな、本来は、対立概念ではないものがセットにして使われてきました。保守という概念がものすごく混乱をしていると思います。よく自民党支持層をもって保守と報道されますが、その保守って何なのかということなんです。僕から見れば、それは政策ではなく人間関係みたいなものです。自民党支持層のかなりの部分は、イデオロギーとか右とか左とかじゃなくて、もっと素朴な心理。要するに、急激な変化を求めずに、積み重ねたものからより良くしていきましょうという心情です。そこに寄り添うことは、実は政策ではありません。そういう保守の概念を打ち出すことで、自民党支持層の一定数を私たちが取れると思っています。

――「保守＝タカ派」という見方もあります。

保守とタカ派はまったく違います。タカ派でも、急進タカ派なら保守じゃないし、穏健にちょっとずつ変えていこうというタカ派なら保守です。要するに急激な変化を求めないっていう意味では、われわれはまさに保守です。むしろ安倍さんのほうが強引にいろんなことを変えていこうとしているので、保守じゃないと思っています。
私たちは、積み重ねを大事にちょっとずつ良くしていくという立ち位置だから、間違った保守概念を壊していかなきゃならない。私が立憲は保守だと言うと、「立憲はタカ派か」とか、「右か」っていう誤解を招くけど、その誤解を招いてでも、今の間違った保守概念を壊したほうが、われわれにとってはいいと思っています。

——一般的に、「改革リベラルをやめて、自民党と似通っちゃうのでは」と思われてしまう。ここはきちっと説明しないと難しいですね。

言わないと難しいのですが、各論での違いははっきりしています。それこそ安保法制とか、憲法への自衛隊明記に対する立ち位置とか、多様性とか、それから分配重視など。各論では、明確に違う各論は絶対にすり寄っているように見られない。各論がすり寄ってしまえば、本当に何が違うんだって言われてしまいます。

——亡くなった自民党の加藤紘一さんが「保守というのはイデオロギーじゃない。伝統を保ち、地域を守るということなんだ」と言っていました。小さな自治会とか、学校

とか、消防団とか、そういう小さな地域の集まりのまとめ役の頂点に、たまたま加藤紘一や自民党が座っているだけだと。腑に落ちたことがありました。

私の思う保守はそういうことを意味しています。党が目指す体質もそうだし、目指していく社会像としてもそういうことです。ただし、加藤先生の時代と僕らの時代の違いがあります。かつての日本社会は自然発生的に作られる保守的なコミュニティーがあった。しかし、今は都市化と核家族化。つまり近代化の代償としてコミュニティーが急激に弱まっている。弱まった分を、政治と行政が補わなきゃいけないんじゃないのか、というのがわれわれの立ち位置だと思います。

それが、たとえば保育所を増やせということです。地域コミュニティーで補い支え合ってきた子育てが、地域コミュニティーで支えきれないのだから、公的な保育園という仕組みでやるしかない。もっと増やさなきゃいけない。高齢者の介護も地域コミュニティーの中で自主的に補い合っていたものが機能しなくなっているのだから、それは介護保険をはじめとして公的に支えなきゃいけなくなっている。そこは加藤さんの時代、つまり高度成長の時代までの日本と、これからのわれわれが目指していく社会像の違いだと思います。

——先ほどの、自民党の地方組織が硬直している、というのはその辺に起因しているのですか。

特に安倍政権になってから顕著ですけれど、上から組織や団体を締め付けるみたいなことです。これに対する嫌悪というか、あるいは、締め付けることもできない仕組みになってしまっている。かつてと違って、自治会、町内会の加入率が5割を切って、2〜

3割でまで落ち込んでいるところもある。町内会長を押さえたらその辺の地域の票をどっと取れるっていう構造ではなくなっているのです。なので、広がりがもてなくなっているのです。

それは私たちの側にも言える。かつてのように労働組合が締め付けるだけで票が取れるかと言ったら、それもできなくなった。なのに、その実態の変化を十分に感じてないのではないかと思います。

――これまでのピラミッド型の組織は、安倍さんみたいに権力を持てば動く構図ではなくなってきている中で、どうやって新しいコミュニティーを作るか。その転換期ですね。

それは、間違いなく言えると思います。もっとも僕らにとって、応援してくれる労働組合の存在がありがたい。なぜなら少なくとも伝達してくれるからです。

――伝達？

つまり、立憲民主党は何を考えているのかなんていうことは、なかなか新聞を読んでも書いてない。ただ、組合員には組合の機関誌とかで、例えば、私と参議院の比例候補者の対談が載ったりするわけです。そうすると、時間があるときに読んでくれる人はいます。それは伝達する手段として、圧倒的にありがたいわけです。だから、組合の推薦をもらったら、それだけで票が出るっていう発想は間違っています。でも、推薦してもらう、あるいは、連携・協力関係にあることで、その組合員の人たちにわれわれのメッセージはものすごく届きやすくなる。それを生かさないと票は出てこないと思います。

安倍政治とはここが違う

――安倍さんのお話が出ました。安倍さんと立憲民主党との決定的な違いを一言で言うと何ですか?

安倍さんに限らず永田町には多いけど、政治を勝ち負けだと思っている。つまり、野党や、野党を応援している国民に対して勝とうとしている。これは、民主主義における統治者の発想ではありません。確かに選挙では競い合うのだけれども、選挙で勝ったら反対の党に投票した人も含めて政治が手当てをしなきゃならない、あるいは、声を聞かなきゃならない国民なのです。どうも安倍さんは野党との勝ち負けですべてのことを考えている。これは私にはまったく理解できないというか、許せません。

——確かに安倍さんは、突然スイッチが入ったように攻撃を始めます。あれは負けてる感があるんでしょうね。

だと思います。明らかに、勝ち負けで負けそうになると激しく攻撃します。激しく攻撃して、とにかく目の前の相手を言い負かそうとする。味方に対しては非常に優しい人だけど、敵に対しては非常に冷たい。勝ち負けにこだわるので、一度言い出してしまったらメンツにかけて引かない。論戦と統治者の立場は違います。

いずれにしろ、この社会全体をコミュニティーとして成り立たせなくちゃいけないわけだから、敵味方に分けて、半分が敵では統治なんかできるわけがありません。ただでさえ少子高齢化とか新興国の追い上げとか、日本にとっては厳しい条件下で、これから生きていく中で、敵だの味方だのって分かれていて結果的に国民の力を十分に発揮できなければ、それはいい結果になるはずがありません。

――でも、敵と味方の論戦の末に、最後は多数採決で押し切ると、国民は徐々に慣れてしまうのではないでしょうか。

いや、僕は本当にそこはものすごく楽観的です。安倍政権になっても自民党の票は増えていません。要するに投票に行くのが面倒くさいと思っている人が、ほんのちょっとだけ、「まあ投票ぐらい行くか」と。ちょっと安倍やりすぎだなと思っている人が、もうちょっとだけ投票に行けば、ガラッとひっくり返ると思っています。沖縄県知事選、その後の那覇市長選が一つの例です。

まっとうな改憲論

――憲法改正についてうかがいます。立憲民主党は憲法9条を含めた改正をどう考え

ていますか。

まず私たちは護憲とは違うということ。そして安倍さんのやろうとしている9条は改悪だということ。だから、この二つを同時にきちっと明確に発信し続けないといけないと思っています。安倍さんの9条に反対するというのは護憲の人が多いのですが、そこは違う。9条を含めて良く変わるなら変えたほうがいい。でも、安倍さんが今やろうとしているのは、まったく論外だから、それは徹底的に戦うということです。

――安倍案の9条の2項を残して3項を新たに加えることへの批判ですか。

というより、いま9条に手を付けたら、安保法制の解釈改憲を追認することになってしまう。安保法制の国会審議の中で、安倍さんは「安保法制で法理上は地球の裏側まで行ける」と答弁しています。そして「(いまは)政策判断としてしない」とも言っている。つまり名前は自衛隊でも世界中どこにでも行ける軍隊になるのに、「何も変わりません」とごまかしながらやろうとしている。それはダメです。

少なくとも「これで自衛隊の性質が変わります」と言うなら、まだ議論の余地はあるかもしれない。ところが、「何も変わりません」というウソをつきながら、でも実際は集団的自衛権を全面行使し得る自衛隊に変わるという中身ですから、それはダメですねと。そして安倍さんは「新しい9条を作っても自衛隊は何ら変わりません」と言う。誰もそうは思っていません。

いわゆる護憲の人たちとの違いは、変えるところがあるのだったら変えてもいいと考えています。

例えば解散権の制約とか、臨時国会招集規定に期限の定めを入れるとか。こんなテーマだったら、むしろ積極的にやりたいぐらいです。それから、9条だって、「自衛隊は集団的自衛権の行使はできない」と明記するのだったら、そういう議論ならあり得る。そもそも集団的自衛権について多くの人は懐疑的な意見ですから、今、そんな改憲案が通るわけないし、そんなものを俎上に乗せるのはどうかしているということです。

――安倍政権は改憲勢力を集めて「中央突破」してくるのでは？

これを言うと一部で怒られることがあるんですが、最後は国民投票で否決するという、明確な意思を持っていればいいんです。僕は国民投票で否決できると思っています。逆に言うと、リスクが高過ぎて向こうも国民投票で負けるのは、一番の負けですから。負けるのが嫌いな人は、ものすごく頭を抱えると思います。

――安倍さんは憲法改正を言い続ける「改憲やる、やる」政権を維持するのでは？

その可能性のほうが高いと思います。

これからの選挙はこう戦う

――次の参院選、野党は統一候補で自民党に対抗すべき、という議論があります。選挙での共闘なのか、それとも連携なのか。

たくさんの政党が1人の人を応援すれば選挙に勝てるのかというと、そうではないと考えています。なぜかと言えば政党はそれぞれ意見が違う。例えば、原発政策一つ取っても、再稼働を認めるのかどうかで180度違う。有権者は「この候補者はどっちの考えなの?」と思うでしょう。どっちなのかはっきりしなければどっちにも入れないわけです。だから、選挙は足し算にはならないです。なので、基本的には政党が違う以上は、別々に戦うべきです。それから、選挙運動のやり方も政党によって違うわけです。例えば共産党さんのような組織と、われわれのように、無党派層にどう働きかけるかが選挙の基本だと考える政党とはまったく違う。これを一緒にやろうとすればするほど、無理と矛盾がたくさん生じるわけです。

だから、別々に戦ったほうが基本的にはいい。それが原則。ただし一人区は違います。ベストを求めてワーストを避ける営みです。例えば比例代表のような、自分のベストと思うところを応援してもらってもワーストにならない選挙の制度、仕組みのところは、みんながばらばらに戦ったらいいんです、しかし一人区では1人しか選ばれないので、自民党だけは絶対嫌だという有権者のニーズはものすごく大きい。自民党候補が当選するいうワーストを避けるためには、候補者を一本化してくれと。このニーズには答える必要があると思います。

――一人区では一本化をする。

一本化をするけれども、それぞれの政党をちゃんと守ったほうがいい。なんとなく、フワッとした形で野党みんなから応援してもらってますみたいな話ではなくて、本籍は立憲です、国民です、共産ですと。「ワーストを避けるために、自民党候補を当選させない選挙をします。ただし、自分の立ち位置はここです」と、はっきりさせたほうが有権者には分かりやすいと思います。

政策も理念も違う政党が、どこに本籍があるのか分からない候補を、みんなで応援しています、という選挙。僕は有権者にもっとも嫌われると思っています。片方で、自民党だけは嫌だっていう票を集めることはできるかもしれないけれども、一方で一番取らなければならない票を取れなくなると思います。

――候補者を1人に絞るときに、立憲も国民も同じ選挙区で候補を出したいと思ったら、どうやって調整しますか。市民グループが仲介するというのもありますが。

前回の参院選は全部一本化しました。それはまさに政治の知恵です。それぞれの地域の市民グループは重要ですが、そこが裁定するわけではありません。僕はそんなに心配していません。最終的には一本化できると思っています。32ある一人区で20台の後半ぐらいは一本化できると。どうしてもできないところは出てくるかもしれないけども、ほとんどのところではできるとそこは楽観しています。

――国民民主党の玉木代表からラブコールを送られているとの報道もあります。

2党でやってもしょうがないじゃないですか。野党を一本化することに意味があるので、5党1会派でやりましょうと言っているだけです。なおかつ、政党間の取り引き、駆け引きはしたくないので、市民連合を介在してやりましょうと。前回の参院選挙もそれでやったので、同じことでいこうと言っているだけです。2党で先にやりたいとか、2党だけでまず詰めてとか、それは他の政党に対して失礼で、そんなことはできません。5党1会派みんな対等です。だから一本化にもっとも積極的なのは立憲だと思っています。

政権を取る日はいつなのか

――代表は「立憲民主党はいつまでも野党にいるつもりはない」と言っています。政権を取るのはいつ頃？

分かりません。分からないというより、先を読んでも仕方がないのです。一寸先は闇ということは、２０１７年秋の総選挙で強烈な体験をしましたから。政治はいろんな外的な要因で変化します。受験勉強みたいに試験がいつにあるから、逆算していつまでに何をやりましょうというのはまったく機能しない世界なのです。その都度、「状況に応じてどう選択していくか」という先にゴールが見えてくるので、目標期限を決めてそこに向かって逆算するのは、あまりいいことじゃないと思っています。ただし、あんまり間を置かないようにできるだけ早く、ですね。

――女性議員を増やす策は？

もちろん男女同数が理想ですけれども、来年の参院選挙では少なくとも比例区は4割以上は女性にする目標を明確に立てます。現時点で決まっている参議院の候補者は女性のほうが1人多いくらいでほとんど同数です。最終的にどうなるか分からないですが、これからむしろ一人区とかを固めていくと、ここは男だ女だ選んでいられない。とにかくいい候補者が出てくれることになると男の比率側に偏る可能性もあります。そういう意味では1対1にはならないにしても、方向は明確にできるんじゃないかなと思っています。

特に地方選挙は地域差が大きいです。女性の候補者を発掘できる地域。例えば私の地元は、現状で男女比率5対5です。今、大阪府連が辻元さんのもと、統一候補者を5対5にしようとしています。とにかく候補者を擁立するのに手一杯のところと、できるだけ女性を発掘するところまできているところとは、ちょっと差があります。女性議員の活躍は立憲民主党の看板の一つです。そういう候補者を増やすことで政党のあり方を非常に説明しやすくなり、自然に感じてもらえるようになると思います。

第3章　労働組合と政党・議員

江崎孝（えさき たかし）
1956年生まれ　元・三橋町職員、
三橋町職員労働組合書記長、自治労福岡県本部書記長、
自治労中央本部特別執行委員　2010年から参院議員

枝野さんとは別に新党準備をスタート

――なぜ国会議員になったのですか。

よく聞かれるんですよ。でも「なれって言われたから」としか答えられない。当時の自治労委員長から「高嶋良充さん（当時参院議員）の後継で、君、出てくれ」という話をされた。これは労働組合を経験されていない方には分からないと思うんですけど、僕は47歳のときに離籍、つまり公務員の仕事を辞めたのです。いわゆるプロ専（専従）の道を選んだ。そうなるとワガママは言っていられない。組織が何か決めた場合、できる限りそれに応えなきゃいけないというのがある。でも、そうはいってもね、参院選出馬ですから。そりゃ悩みましたよ。そう言われたら出馬を決めざるを得ないなというのが率直なところなんですよ。要するに組合の専従になってくると、これは組織で動くから。それまでは、「あなたは選挙に出て下さい」って説得する立場だったわけで、それがお前が出ろと言われてイヤとはなかなか言えません。

──なぜ立憲民主党を選んだのですか。

選んだというよりも、どちらかというと僕は党を作った方に大きく加担していたんです。実は２０１７年10月２日に立憲民主党が結党される前の、衆院解散の日だった９月28日ぐらいから新党結成に向けて、枝野さんたちの決意とは別のグループで、ここ（議員会館の江崎孝さんの部屋）が準備の部屋になったんです。９月27日に希望の党との合流騒動があって翌28日朝の９時ぐらいから赤松広隆さん（衆院議員）と近藤昭一さん（衆院議員）とここで、「私たちは間違いなく排除されますよね。だったら排除されてからじゃ遅いから、どんな形であれ新党結成の準備にかからなきゃ事務手続など間に合わないんじゃないか」ということで、その対応を話したのです。

それが徐々に枝野さんが行くぞとなったときに、パッとこちらの動きが一つに、スムーズにすっと行った。準備をしていなかったら、相当に難しかったと思いますね。僕は個人的には参議院から福山哲郎さん１人で離党させるっていうのが申し訳なかったという思いがずっとあった。すでに28日夜、いろんな人とも相談をして、「新党結成に動き出すよ」という話は内々で了解をもらっていたのです。ただ総選挙の最中に離党するっていうのは、これまたハレーションが大きい。最終的に僕は絶対に年は越せませんということで、12月22日に民進党離党・立憲民主党入党という手続きを了解してもらったんです。

――希望の党をどういうふうに見ていましたか。

どう見てもタカ派の政党にしか見えなかった。特に小池百合子さんがトップに座るということは、リベラルというか僕らは左派に見られていたかもしれませんけれども、そこまで抱え込む度量があるかどうか。多分ないんじゃないかと。もしそれを抱え込んでいたら、彼女はいま頃は総理候補になっていたかもしれないけど、僕からすれば排除が早かったですね。だから僕らに同情する人たちが結構増えてきたんです。

連合が抱えるジレンマ

――連合はどう対応してきましたか。

12月22日に離党するときに説得にこられた。というか1時間ぐらいお話をさせていただいた。これから政党間でいろいろあるかもしれないけれど、それを連合はちょっと俯瞰して見ていてほしい。連合という産別（産業別組合）は、立憲民主党に対しても、希望の党に対しても、そしてどちらが候補者になっても推薦をする。その中で電力総連はこっちをする、うちはこっちをするというふうに対応してほしい。あるいは地域の中で、どれかを選ばなければならないときは、連合が仲介役になって政治を見守る立場になってください。この環境はしばらくしたら必ず落ち着きますよ。何年かかるか分かりませんけど、という話をさせてもらいました。ここ2、3年ぐらい前から、春闘は官邸が決めるみたいになって官制春闘なんて言われている。それから、高プロ（労働時間の制限

がない高度なプロフェッショナル制度）の話も1回合意したけど戻しちゃったとか。官邸との距離感を問題にされ、ちぐはぐな対応になってしまった。今のような一強多弱、官邸の権力が強力な時の対応は難しいと思うんです。権力と距離を置きつつ政策を実現するのは本当に大変。そんな中で立憲民主なのか国民民主なのかよりも、連合がまずどうするのかっていうことが決まらないと、その先に政党はどこを支持するのかって多分できないんじゃないかという気がしていたんです。

今の連合の大きな問題は、産業別組合という日本独特の労働組合の弱点というか、高度経済成長のときには見えてこなかった労使協調という労働組合の在り方が、社会が多様化したり、低成長とかマイナス成長とかになってくると、やっぱりどうしてもその部分の宿命みたいなところが出てきている。1990年以降の連合はそれを抱え込んできたんですね。

一番問題だったのが、やっぱり電力総連の原発問題。他の企業で言ったら、市場という問題の中でどう利益を得るかというものに対して、労働組合であるはずの産別がどちらかというと企業側の主張に添った対応をせざるを得ない。僕は日本の産業別組合の一つの大きな特徴でもあると思うんです。これが高度経済成長だったらWin-Winの関係で、それなりにできたけれども、それができなくなってきて、多様化してくる。そうするとやはり働く者とか、地域の人たちとか、地方とか、この人たちとはちょっと。特に原発問題とかでは大きな意向、体制がそっちを向いているんだけれども、雇用主との関係で違うことをやらざるを得ない。そこがいま、連合の中の政策的な齟齬になって現れているのが、国民民主党と立憲民主党の大きな、一つの特徴的な違いになっていると思うんです。地方の電力の労働組合の人たちと話をすると「原発はやっぱり良くないね」

って言うんだけど、会社とか労働組合全体のことを考えると、なかなか方向転換ができない。

これは逆に僕らもあるわけですよ。例えばかつて2000年ぐらいに、「公務員の賃金を下げろ下げろ」と言われていた。いろんな不正が起きたときも、市民の皆さんから「賃金、高過ぎるぞ」と言われる。その組織を守るわれわれからしたら「そうじゃありませんよ」。既得権益なのか、勝ち取った権利なのかということが逆に見られちゃう。市民の皆さんとのその辺の距離感のある時代が相当あったし、いまもそれは若干残っているると思うんですね。既得権益を守るみたいになって。だからそれまで表面化していかなかったことが、市民と大きな組合との食い違いになって出てきている。僕らは常にそれを考えながら、どの立場で運動を進めていくかって本当はやらなきゃいけないと思うんです。これが連合に参加するような大きな産別になると、なかなか難しいですよね。

枝野新党ができて……

――枝野さんについてはどういうふうに思われていましたか。

10月2日の午後5時が記者会見でしたが、前日に枝野さんと電話で話しました。「立憲民主党と聞いたけれど、立憲って必要なんですか」と正直に言って、みんなそう思っていました。民主党じゃダメなんですかって。そしたら枝野さんが、「いや、ぜひこれでやらしてくれ」と言うんです。ものすごく強い口調でしたね。だから「そうですか。分かりました」と言った。そのとき立憲っていう言葉が、僕はちょっと古い言葉に思えたんですね。ところがふたを開けてみると、立憲っていうのは意外と古くなかった。明治時代以降の立憲何党とは違って、新しい言葉で有権者の皆さんがとらえたのかなと。立憲主義という価値観を、ものすごく新しく訴えた枝野さんをすごいなと思ったんですね。

そしてあの演説の仕方。車の上からじゃなくて、ビール箱のような低い所からやって、周りに人が集まるという形を取る。そうするとみんながリベラルとか何とかって期待しているわけじゃないんでしょうけれど、その人たちの心をぱちっと捕まえた。プラス、政治にちょっとつまらなさを感じたり、希望の党との合流に対する、なんだ政治家は勝手にやりやがってみたいな。そういうある意味では無関心層にいる人たちも含めて、立憲民主党の潔さみたいなのが伝わった。しかも1人で会見をして。あれがパッと流れをつくっていったので、枝野さんとか福山さんたちはすごいなと思いましたね。あの演説を聴いて僕は、こんなこと言っちゃいけないと思うんですけど、民主党時代の官房長官とか歴任してきた枝野幸男像があそこでいっぺん全部チャラになり、新枝野になったと思うんですよ。新しい枝野幸男になったので、あれだけ有権者の皆さんたちが支持をしてくれた。例えて言えばイギリスの労働党がサッチャー（首相時代）からずっと下野していて、ブレアが政権取ったときって昔の労働党のイメージはまったくなくなっていた。

だから民主党もどんなに変えようが、以前の閣僚の皆さんたちが党の中心にいるというイメージだと、支持は恐らく広がらなかったと思うんです。立憲民主党っていうことで、自分たちの経験も含めて1回チャラにした枝野さんが新党をつくる。その政治家としての覚悟のすさまじさに僕は感動したんですよね。

――立憲民主党って最初はどんな評価だったんですか。

僕の地元・福岡では、衆院選の結果、選挙区では1人も通らずに、惜敗率で1人上がったぐらいですから。風は吹いたのかっていうと、九州ブロックでは例えば沖縄は選挙区に立候補者を出してないのに比例で9万数千票取っています。そこそこのところで風は吹いているんですけれども、やはりそこにきちっと候補者を出しきれなかったというのがある。これは新党の限界だったと思いますし、期待感を持っている人たち、いっぱいいたと思いますけども、残念ながら、そこを確実につかむまでの時間も組織力もなかったというのが現状だと思うんですね。あと1週間とか10日間あったら、もうちょっといろんな所で風を吹かせられたんじゃないかという気がしますね。そういう意味では枝野さんがこだわった「立憲」という言葉は、「憲法を守れ!」という、安倍政権に対する批判であったりとか、原則の話として、この「立憲」ってやっぱり必要だと理解できるんですね。

選挙と労働組合

――立憲民主党へのふわっとした民意を議席にどう結びつけていけるでしょうか。

労働組合とか、自治労もそうですけれども、一つの有力な支持母体ではあるわけです。これがあるのとないのとでは全然違うぐらい大きな力です、連合も一緒ですね。だけど選挙区ではこれだけでは勝てない。圧倒的な保守、あるいは無党派層がごっそりと来なきゃいけない。だから次の選挙にもう一回勝てるかどうかが勝負になるから、その間にとことん後援会をつくる。地域を回る。そして中小企業の皆さんたちの支持をどう得るか。普通だったら保守だといわれているところの皆さんの支持を、こちらにペタペタとオセロゲームのようにひっくり返してこなきゃいかんと。それをやりきれないと、おそらく次は無理ですよね。むこうもしたたかにやってくるわけですから。それが立憲民主党になってもやれるかやれないかなんです。往々にして僕らのような組織内議員は、連合の推薦をもらうとポスターなどをパッと貼ってくれるし、それなりの支援もしてくれるものだから、やはりドブ板選挙をやる自民党の方と比べたとき、有権者との距離感は相当差があるんですよ。

これを縮めるのは並大抵のことではないです。立憲民主党としてこれから本気で政権交代をする政党になるためには、一人一人の議員が今まで自民党を支持されている人たちも含めて、自分の支援者に引きはがしてこないといけない。そういう作業、地域活動をどれだけやれるのか。一緒にやってくれる人をどれだけつくれるのか。その中心に、自治労などがいたりすれば、十分勝てると思うんですよね。例えば神奈川で「小泉」としか書いたことがない人たちがいるように、自民党しか入れたことがない人たちがいるわけですけども、突然、「これじゃダメだ」っていう流れができたりします。そのときに勝てるためには、地元に根差して地道な活動をしてきた候補者をどれだけ作っていけるか。

もう一つは地方議員をどれだけ増やせるかです。政党政治イコール自民党みたいな流れ、明治150年の流れを変えていけるかどうか。やっぱり鹿児島とか山口とか保守が強いのは、今の国をつくったのは保守政治イコール自民党、何も考えずに自民党みたいなDNAみたいのがあるわけですから。それをひっくり返していく作業っていうのは、並大抵のことではないと思うんですね。

3年3カ月間、僕らが民主党政権取ったあと、野に下ったとき、私たちが分かったのは、選挙に勝ってきた新人議員たちは、次に勝ち抜くための戦略みたいなことを描ききっていたのだろうかということ。300人の議員がわーって集まって、わーって政策論議に集中していった。果たして自分の選挙区に帰っているのか、みたいな不安がありました。実は小沢一郎さんに会った際、「初めて当選して来た人たちは、国会で何かやりたい、こんな政策をしたい、法律を作りたい、責任あることをやりたいとか、テレビに映りたいとか言う。それはそれでいいんだけど、あなたには法案で挙手をしたり、起立したり、ボタンを押したりする、賛成票に投じるという大きな責任があるんですよ」と話をされた。「それをまずやって、それ以外は地元に帰って、次の戦いで勝つための努力をするべきだ。当選3回ぐらいから、そろそろ政策とかをやればいい」って言われたんです。今の立憲民主党が小沢さんの言っていたようなことをやっているかと言ったら、やれてない。同じ轍を踏む危険性が非常に高いと懸念しています。どんどん足腰の強い選挙基盤、後援会をつくっていかないと、風だけではダメですね。

――2019年は統一地方選挙、参院選挙、それに総選挙の可能性もある。

仮に今の雰囲気で行くと、参院選挙でそれなりに勝ったとしても、次の総選挙で新人議員の人たちが帰ってこなかったら、恐らく立憲民主党は解体に向かうかもしれないぐらいの危機感は、代表も持っているだろうし、みんなも持ってると思う。僕はいま選挙対策委員会の委員長代理をやっていますけど、早く47都道府県に県連を立ち上げる。枝野さんが言う、草の根からの民主主義をやっていくためには、やっぱり早く地域に根っこをつくって、そこに特化してやっていかないとと思っています。

――政治家と市長をつなぐパートナーズはどう位置づけていますか。

パートナーズとやり方も非常に大事なんだけども、都市型の雰囲気だけではなくて、やはり全国にある小選挙区の中で本当にパートナーを拾い上げていくという、それをどれだけやれるかというのが、立憲民主党にかかっていると思う。今の野党の中でやれるのは、僕は立憲民主党しかないと思うんです。その意味では、立憲民主党を作った責任は大きいし、育てていかなければならない。地方自治体の議員候補は少しずつ増えてきているんですよ。だから、この流れをやっぱり着実につなげていくということにしなきゃいけないと思うし、そういう成功体験というのは党としてもっと共有して、そしてあなたの選挙区で何人つくるというのを、もっともっとやらなきゃいけない。

ただ、いろんなところでハレーションも起きている。福岡も似た状況ですが、たとえば三人区に国民民主党の組織内議員の現職がいて、自民党がいて、公明党がいたりしたときに、そこに新人の立憲民主党をぶつけたいという。これ、思いとして分かるわけですよ。そうすると国民民主党の現職議員がはじき出される可能性もあって、連合の産別との関係はどうなるのかみたいなことが全国で起きているんですね。そこは政党として、判断を非常に慎重にやらなきゃいけないところもあるし、積極的に擁立していかなきゃいけない地域もある。この見極めをするのが、非常に大切であるし、難しいですよね。「立憲がなんで俺のところにぶつけてくるの?」みたいなことになると、いよいよ次の総選挙のときには、そっぽ向かれちゃうんです。

それはそれで逆に言うと、二つあるんですね。いいじゃないですか、そっぽ向いても。われわれが戦えばいいんだからっていう考え方の人がいる。だけど待ってよって。そこまでわれわれの政党って、強くなってるの? 民間産別のこの人たちが完全にそっぽ向いて、ただでさえ地盤が弱いのに、あなた勝てるんですかという側面もあります。こうなると非常に難しくて一概には言えない。この統一地方選挙は非常にややこしくて、どこかでやっぱりバッティングせざるを得ない。苦しいですけど、やっぱり越えていかなきゃいけないところだと思うんですよね。

――参院議員になって一番違和感を感じたことって何ですか。

「先生」と呼ばれること。「そのうちやめましょう」とずっと言っていたけれど、もういい加減言うのも疲れてきた。気付いたのは、官僚の皆さんたちが「先生、先生」って言うのをやめないんですよね。彼らは国会議員の部屋をいっぱい回るわけです。だから名前を間違えたら大変なんですよ。ふと、僕、気付いたんです。「先生」って呼んでいると覚えなくていい。先生でいいんだもんね、間違いようがないわけですから。

もう一つは黒塗りの車が多いこと。私は好ましいものじゃないと考えています。確かに大臣などはセキュリティーでしっかりしなきゃいけないのはあると思いますけど。

本当にわずかな距離の送り迎え、永田町の半径2キロぐらいの所を移動するだけで来るわけでしょう。あれはいずれ市民の皆さんからの批判もあって、なくなっていくものだと思うんですけどね。自分で行きたいところになぜ自分で行かないのか。運転手さんに運んでもらう、そして待っていてもらうというのにどうも違和感がありますね。ああいうことが平気だと、有権者との感覚がずれると思います、多分。だから私は、自分で運転しているんです。ブレグジット（註：欧州連合からのイギリス脱退）のときのロンドン市長が、自転車で通っていたんですよね。あれなんか僕にはすごく新鮮で、「普通でいいんじゃないかな」と思うんです。

女性、沖縄、ＬＧＢＴ

――女性議員をどう増やしますか。

よくぞ聞いていただきました。僕は今、選対の委員長代理をやっていて、女性候補者擁立プランを作って、具体的に候補者擁立を進めている１人なんです。まずは候補者リストを作ろうっていうことで、これは統一地方選挙や参院選挙にターゲットを合わせるんじゃなくて、常にどの選挙にも対応できるように、常にこういう人がいる、東京だけじゃなくて、どこそこの地域にこういう人がいるというのを精査しながら準備しておく。その名簿をまずつくっています。そのためには団体から候補者を推薦してもらわなきゃいけない。というか、そのパイプもつくっていかないといけない。

僕らはパリテ（註：parité 均衡、等価、等しくのフランス語）、要するに男女同数というのを目標に掲げ、「パリテ・ナウ」という運動を進めています。女性候補者擁立のための長期的な取り組みです。その中で候補者リストをつくりたい。人材バンク的なものですね。そのためには私たちが求める女性の政治家像みたいなことも、明らかにしていかなきゃいけないでしょう。世の中、男だけでは変わりません。

――都道府県連の設立に向けてどうします。

もう一点は、早く立憲民主党の総支部を作ることですね。やっぱり政党も組織なんですよ。党としてガバナンスというか戦略性を持ってどうするかを決めていかなければならない。

これは有田芳生さんもよく言っていますけれども、党としてこの国をどうする、政策はどこだっていうことをもっと明確に発信する。それが次の参院選挙になるのかどうか別にしても、「右でも左でもない前へ」の合言葉は、もうみんな分かった。だったらあとはどんな国にするのか、どんな地域にするのか、どんな暮らしにしてくれるのかというのを明確なビジョンにしなければ、立憲民主党の成長はないですね。

それは２０１８年７月20日の枝野代表による２時間43分の「安倍内閣不信任案趣旨弁明演説」に網羅されているわけですよ。あと沖縄の問題やＬＧＢＴについても洗い出して、明確なビジョンに仕上げていき、政策にしていかなければいけないですね。民主党政権の３年３カ月、経済界とは距離があった。だから経団連を含めて、「もう二度と連合が支持する政党を政権に就かせるものか」というふうに考えていると僕は思うんですね。だからむしろ連合も大事ですけど、連合に参加されていない圧倒的多数の働く人たち、未組織労働者、ここに光を当てる。政党としてそういう戦略を描いていかないといけないと思うんですね。ある産別代表の国会議員に、「非正規問題、どうなった?」って訊いたら、「ああ、もう解決したよ。みんな派遣に変えたから」。そういうズレた感覚なんですよ。根幹が違うんですよ。そんなこと言っていたら、支持者がみんな逃げていっちゃう。やっぱりそこで苦しんでる人たちに、どう光を当てるか。それが立憲民主党の使命です。

第４章　国会議員座談会「四者四様」

堀越啓仁（ほりこしけいにん）　１９８０生まれ　北関東ブロック（群馬２区）
僧侶、作業療法士、市民運動家

石川香織（いしかわかおり）　１９８４生まれ　北海道11区
アナウンサー

尾辻かな子（おつじかなこ）　１９７４年生まれ　近畿ブロック（大阪２区）
社会福祉士、介護福祉士、大阪府議

中谷一馬（なかたにかずま）　１９８３年生まれ　南関東ブロック（神奈川７区）
柔道整復師、慶應大通信教育課程

「中卒・母子家庭でヤンチャもした」

中谷一馬　南関東ブロック（神奈川７区）

――みなさんにまず聞きます。なぜ国会議員になったのですか。

中谷一馬　私は母子家庭の貧困家庭で育ちました。小学校5年生のときに父と母が離婚、母は私と妹2人を養っていくために、朝から晩まで働きに出ました。しかし、どんなに頑張っても平均年収は200万円ぐらい。母が体を壊して寝込むようになりました。そして生活保護を受けることになり、私は中学を卒業して働きに出ようと就職先を探しました。でも、残念ながら中卒で働けるところはほとんどなくて、家族4人が生活していけるような仕事は見つけられない。私は未熟者だったので、挫折をして道を逸れた時期もありました。私の周りにはやんちゃ坊主になったやつも多かった。

そんな連中は社会や政治が悪いと言うんですけど、それを変えようという人は見当たらなかった。そこで私が「政治家になりたい」って言ったんですけど、周りには「なれるわけないじゃん」「馬鹿じゃないの、まず高校行けよ」と言われましたね。それが本当に悔しくて。18歳のときに通信の高校に行き、その後に専門学校に行きました。そのときに菅直人・衆院議員のインターン生になって、そこから3年半、彼が総理になった日まで秘書として支え、県会議員になって、国政に挑戦をして、1回、落選をして今、立憲民主党で活動をしています。

――相当苦労されていますが、社会を変えることより、まず生活をしっかり安定させようと。

中谷　私の原体験として、生活保護を受けながらボランティアをすることはできませんでした。世のため人のために働くのであれば、自分自身が自立しないといけない。当時、私はびっくりするぐらいケチだったんですよ。後輩に一度もおごったことがなかった。専門学生時代にベンチャー企業を立ち上げたり、渋谷で飲食店を経営したり、いま東証1部に上場したIT企業の創業メンバーだったりしました。少しお金を人並みに稼げるようになったときに初めて、コンビニに置いてある募金箱に募金しました。そのときに、「僕はケチだったんじゃなくて、人に何かを与えられるほどのものを何も持っていなかったんだな」と気づくんですね。

——柔道整復師の資格を持っていますよね。

中谷　生活していくためには、手に職が必要だと考えました。女手ひとつで僕らを育ててくれた母の老後の面倒を見られないような息子になるのは嫌だと思っていましたから。それも何か人の役に立つような仕事がいいなと。うちのおばあちゃんがすごい肩こりで、肩を揉んであげるとすごく喜んでくれた。人と触れ合う医療がすごくイメージしやすかったんだと思います。

——菅直人さんの事務所のインターン経験はプラスだった？

中谷　ものすごくプラスでした。僕が政治家を目指したときに、722人いた国会議員みんなに電話をかけたんですよ。「僕に会って話を聞かせてほしい」って。自民党から共産党までいろんな議員の話を聞きました。そこで、自分はイデオロギーで政治に関わりたいのではなく、自分がおかしいと思う社会問題を解決するために身を投じたいと気づいた。そんな時、最終的にどこの馬の骨かも分からない私を拾ってくれたのが菅さんでした。

当時はインターンと柔道整復師の国家試験勉強と、ベンチャー企業の仕事と3つ掛け持ちで月600時間ぐらい活動したんじゃないかな。それで菅さんが総理大臣になる2010年の7月まで秘書として勤めて、自分の地元・横浜に戻って県会議員選挙に出ました。

——菅さんから学んで役に立ったことは？

中谷　本気で思い込めば半分成功。だからまずやると思え、そこに集中しろと。「俺も総理大臣になるって言った時はみんな笑った。でも自分はそれを実現することができた。自分はそれに対して本当に真剣に考えてやってきたからだ」。本気で思い込めば半分成功とは菅さんの言葉ですけど、僕もそれに近いところがあります。

「レズビアンとしての葛藤が政治につながる」

――尾辻かな子さんは、なぜ政治家に？

尾辻かな子　近畿ブロック（大阪２区）

尾辻かな子　もともと政治家になりたいという思いはありませんでした。私は高知の大学に行ったんですけれど、中退しました。中退の理由は自分がレズビアンかもしれないと思い始め、向き合うのが怖かったから。そして、個人情報がオープンな地域ではなくて、都会の匿名性の中に入り込みたいと思いました。韓国に語学留学し帰ってきて、もう一回大学に行きました。

そのときに自分はレズビアンなんだということに向き合うことになりました。勇気を出して当事者と出会う場所に行くわけです。そうすると、多くがニックネームなどを使って、匿名性を保ちながら生活をしている。なぜ私たちはこんなに隠れて生きなくてはいけないのか、と思ったときに、これは社会の構造や教育が課題なんだと。やっと自己受容が進み性的マイノリティの本も買えるようになった。それまでは図書館で本を借りるのもためらいがあった。仲間もできて、知識も増えていくうちに、じゃあどうやったらこの社会を変えられるのか。私みたいに自分が当事者かもしれないと考え、こんなに悩まなくていい社会を作りたいと思ったときに、たまたま大学で自治体議員のインターンのポスターを見かけたんです。

――自分の葛藤から社会の矛盾が見えてきた。

政治家って何をしているんだろうと思って。ジェンダー政策に関心がある女性の自治体議員のところに行き、面接で私はレズビアンで、政治が社会の何を変えられるのか知りたいというふうに言いました。たまたまその議員さんが議会で性的マイノリティの児童、生徒について取り上げてくれたんですよね。それがすごくうれしくて。当時２００0年にそういうことを政治の課題として取り上げる人も少ない時代に、そうやって取り上げることで教育課題として、私が今まで生きてきた中では見たこともない教育委員会の人たちが課題として認識してくれた。こうやって少しずつこの社会って変わっていくんだと。

世の中が変わったのではなくて、変えようと行動する人がいて変わるんだというのを見たときに、そのまま私もその一員になりたいと思いました。そこから政治の道に入り、28歳のときに大阪府議会議員にならせてもらって、任期中の30歳の２００5年にレズビアンだとカミングアウトをして、本を出版しました。

――それから国政をめざした。

尾辻　そうなんです。府議会議員のときにカミングアウトして、1期目が終わるんですけれども、やはり自分の抱えている課題は自治体だけでは解決できないとの思いがあった。例えば同性パートナーシップや同性婚等の法的保障は国政の法律の話になる。病院で家族でないから面会、病状説明に壁がある。相続ができない。日本と他国籍のカップルは配偶者ビザがなく日本で一緒に住むことが難しい。こういうことは国政じゃないとできない。２００７年に参院選挙の民主党全国比例で出ましたが、残念ながら票が足りなくて。

そこで私の政治キャリアはいったん終ります。レズビアンのカミングアウトをして国政に出た人間が、次に政治家になれる目ってなかったんです。全国比例で性的マイノリティの当事者は無理じゃないか。尾辻は3万8000票しか集められなかったじゃないかって言われてしまう。本当に申し訳ないなという思いがあって。32歳で無職になりました。

で、そこから校正の仕事をしたり、介護の仕事をして介護福祉士とか社会福祉士の資格を取っていくんですけれども、参院議員が辞職するということになって、２０１３年に3カ月、繰り上げで参院議員になりました。

その後、また現場で仕事をしながら、2017年の総選挙では小選挙区で出馬し、比例区で当選しました。

――なかなか道は平坦じゃないですよね。特に大阪の政党の状況は厳しいです。

尾辻　やっぱり、おおさか維新の会が強くて、自民党もいます。当時は自治体議員もいなくなって、でもそこで旗を立てて頑張っていた。自分が進むべきことを諦めずにいると、それはいつか結び付くときが来ます。諦めてバッターボックスに立たへんかったら終わりです。

――性的マイノリティ、LGBTの人たちにとって尾辻さんの存在は大きいです。

尾辻　一つのアイデンティティだけでみんながつながるっていうのは、なかなか難しいと思います。LGBTの人であっても公務員であれば、公務員出身の人を応援するでしょうし、お医者さんであれば医師会の人を応援するかもしれない。みんないろんな立ち位置があるので、すべての人が良かったねって言ってくれているわけではないと思います。そういう意味では、「代表者ヅラするな」と言われることもあるわけです。

ただ、700人以上いる国会議員の中で、当事者がいるということは、次の世代の人たちが見てくれていると思っています。少し話が逸れるんですけど、私、落選中の2008年に『タンタンタンゴはパパふたり』という絵本を訳して出しました。ストーリーはオスのペンギンがつがいになって卵を温めてかえす。ニューヨークのセントラル・パーク動物園であった話を日本語に訳したものです。高校生のときにこの本を読んだ子が、2018年に、『ふたりママの家で』という翻訳絵本を出版しました。その出版パーティーで、編集者から「高校生のときにその絵本を見てすごく自分は勇気づけられて、10年後に自分が今度は新しいLGBTの絵本を自分自身で紹介できて本当にうれしい」と言われました。自分もカミングアウトしようと思ったとか、生きる勇気になったと意見をいただくこともたくさんありました。

——それでもまだ差別は根強い。

尾辻　日本の差別は沈黙が多いと感じます。触れない、触らない。議員や当事者として話をする際などには、「少子化の原因になる」とか言われたりします。

——話題になった杉田水脈議員の寄稿については？

尾辻　杉田さんは２０１６年にも同じようなことを書いているんです。こういう言説をいつまで続けるんだという思いで私が問題提起したら、今回はそれが広がりました。今までは石原都知事が差別発言しても批判はここまで広がらなかったけれど、今回は５０００人の自民党前の抗議集会に広がり、そして新聞やテレビが取り上げてくれた。いろんな当事者や、そうじゃない人たちが声を上げてくれた。あの寄稿がちゃんと社会問題として認識される時代がついに来たんだなというふうに思いましたね。

「政治家の妻から政治家へ」

石川香織　北海道11区

――石川香織さんは急きょの出馬でしたね。

石川香織　なぜ国会議員になったんですかと言われると、夫・石川知裕が出馬できなかったから、に尽きます。2011年に石川と結婚して帯広に移り住みました。2012年の12月の総選挙で、夫が比例で当選。これから頑張って支えようかなと思っていた矢先に、石川が小沢一郎さんの陸山会事件に絡んで2013

年の5月に辞職。公民権停止になりずっと浪人生活。私も地元で夫の代わりにいろんな会合に出たりして、夫の活動を支えてきました。しかし、公民権停止があける2週間前に、突然、選挙になることになってしまった。

私は2014年の総選挙の時にも出馬要請があり、固辞している経緯があったことから、これはもう腹をくくんなきゃいけないなと思っていました。でも、後援会の人たちは、子供2人がまだ小さいからと気を使って、直接私に何も言ってこないんですよね。これは私が言い出さないと、みんなも気持ちに踏ん切りがつかないと思って、「私がやりたいです」って言いました。しかし、いざ始まってみると、最初は夫にすごく悪いことをしているような気持ちがありました。夫はそんな私に「俺は香織に日本一の女性政治家になってほしいと思っているから」と言ってくれて、すごく気が楽になりました。

私の選挙区・十勝は50年間、中川家（中川一郎・中川昭一）が独占していたところなので、自民党が強い。農林水産業が基幹産業なので、一次産業のことをしっかり勉強して、政策として訴えていかなきゃいけない。私はついこの前まで家で育児をしていて、新聞とかテレビをしっかり見るような時間もない生活でした。必死に勉強しながらの毎日でしたが、いざ選挙をやってみると、牛舎や遠くの畑から作業中にみんなで手を振ってくれた。ものすごい熱意を感じたんです。こんな私にすごい期待をかけてくれているということは、今の自民党のやり方にすごくみんな怒っていたんだなって思いました。自民党の議員は選挙中、「ＴＰＰ断固反対」と言っていたのに、選挙が終わったらすぐに交渉を始めた。自民党に裏切られたんです。種子法もやっぱり日本の主要農産物を守る大切な法律なんですけど、それを廃止させてしまったことを、非常に不安に思っている人も多い。そういう不信感や怒りが募っていたのだと思います。

「あなたしか、いないよ」

堀越啓仁　北関東ブロック（群馬２区）

――石川さんは突然の出馬でしたが、堀越さんは？

堀越啓仁　私も国会議員になろうっていう思いは当時、ありませんでした。２０１１年の３・11以降、幸せの価値観っていうものを変えないといけないなと思い、いろいろな市民活動をやっていました。物があふれていても、本当にこの国で心豊かに生活していけるのか。それで自分なりに現地、被災地に行って、作業療法士としてボランティア活動をやっている中で、衣食住を自分たちの手で作り上げていくことができないかって考えで。仲間と一緒にまず始めたのが太陽光パネルでの自家発電です。電気が止まってもみんなで集まれるようなパブリックスペースもいる。となると家も建てられなきゃいけないと、知り合いの大工さんにお願いして、一から教えてもらいながら作りました。さらに「食」や「平和」を考えるイベント「はたけdeマルシェ」を立ち上げました。年に2回、500人ぐらいの来場者が来ます。狙いの一つは、社会問題を解決していくために、消費動向を変えなきゃいけない。例えば大量生産、大量消費は誰かの犠牲の上に成り立っているという現実がある。この価値観を変えれば世界を変えるきっかけになるんじゃないかなって。

しかし、色々つきつめていくとやっぱり政治を変えるしかないということにいきついて、僕の住む群馬県の玉村町の町会議員になりたいと思ったんですよ。これから超高齢社会を迎えていくにあたって、当然、地域包括ケアが必要なのに隣の顔が見えないような地域になってしまっている。これを解決したかった。

そんな中で安保法制が強行採決されて、それでこりゃもうまずい、このままいったら本当に日本が戦争する国になってしまうなと思いました。

これを変えていくにはやっぱり選挙で野党はしっかりまとまってほしいと行動を始めました。2年半前の参院選挙の時、「かたつむりの会」というよく分からない名前の団体を作り、社民党と共産党と当時の民主党の3党に直談判して、何とかして野党共闘を実現してくれと頼んだのです。ところが候補者がいない。何とかしてください、と言うと「あなたしか、いないよ」と言われた。最終的には仲間からも「頼むから出てくれ」と言われました。80日間の短い期間でしたが、24万8000票をいただきました。中曽根弘文さんにダブルスコア近かったですけどね。

――堀越さんは僧籍をお持ちです。小さいときから仏教観っていうか、価値観がありました?

堀越　ええ、ありました。生きること、死ぬこと、これはこれからの政治課題の一つでもあると思うんです。日本人はいつのまにか死に対して、タブー視するようになり、死ぬことは悪いようなものと捉えられるようになってしまったなと思っています。人間は生まれてから死に向かうのは当然で、死亡率は100パーセントです。その死に向かっていく中で、国民の皆さんの不安を解決していくために、やっぱり仏教的な価値観は必要なんじゃないかなと考えてきました。

――多死社会といわれる中、現実に年金や社会保障の問題がある。これは3年、5年ぐらいとか短年度で予算組んでいるとダメなんじゃないか。すごく重要だなと思うのですが。

堀越　そうなんです。もっと長い目で日本がどういうふうに変わっていくのかっていうのを見ていく必要があります。すごく大事で、目に見えないけど、今、問題になってる人権や尊厳の問題は、そこに直結してくると思うんですよね。そういうところに立憲民主党が切り込めればいいと思っています。

枝野さんの立憲民主党に迷わず……

――皆さんは、国民民主党でも、日本維新の会でもなく、なぜ立憲民主党を選んだのですか？

石川　私は最初、民進党で出るということになっていましたが、突然、希望の党が出てきた。私は希望の党に行くという選択肢はなかったです。みんなで自民党に対して対抗していくっていう気持ちもありましたし、やっぱり希望の党の「排除」という言葉も大きかった。いろいろ地元の人と相談して、無所属でいくか、立憲でいくかで迷いました。でも、市民団体の皆さんとか、民進党の皆さんとか、新しく私を応援してくださってる皆さんと相談して、立憲民主党で一つに固まろうっていうことになりました。私たち自身訴えてきたことと一致したので、私はもう迷いなく、立憲民主党に行きました。

でも、正直言ってどうすりゃいいんだっていうのはありましたよね。北海道には12区あって、みんなばらばらに決断をして、1人ずつ立憲に行ったとか、籍は立憲で、今回無所属で出るとかいろんなパターンがありましたね。不安でしたけど、やるしかなかったですね。

――尾辻さんの大阪の場合、いろんな選択肢があったと思いますが。

尾辻　民進党の代表選挙で前原さんと枝野さんが争ったとき、私、枝野さんの応援をしました。私は民進党にはリベラルと呼ばれる人たちがしっかりいるべきであると思っていた。代表選挙スタートの最初の集会の挨拶が、なぜか私だったんです。普通、出発式って派閥の長とか、期を重ねた人がやるわけですよ。その時、枝野さんは本当にボトムアップでやりたいんだなと思いました。レズビアンをカミングアウトしている支部長の私に挨拶をさせたのですから。あそこに結集したメンバーの多くが立憲民主党のコアメンバーになっていく。あれが立憲民主党誕生の予行演習みたいになっていた。今から思うとそんな気がします。

――代表選が新党へのステップになっていたんですね。

尾辻　維新が希望の党とすみわけと聞いて一層、気待ちが固まりました。私たちは大阪で対維新でずっと戦ってきた。正直、維新をやっつけるためには無所属でも出ようと思っていました。でも維新候補を落とすには、やっぱり受け皿を作ってほしいと枝野さんにはずっとお願いをしていた。私は安保法制反対でずっとやってきましたから、いきなり選挙で変えてしまったら、有権者は一体、政治家の何を信じていいか分からないことになります。枝野さんの旗が、ストンと腑に落ちる形になったっていうことかな。

先輩から希望の党への誘い

中谷　私も尾辻さんと似たところもありました。代表選では神奈川の18選挙区の中で枝野支持を表明していたのは多分、僕ぐらい。ただ、その一方でもう一つの動きがあった。代表選挙当日の夜、のちに希望の党のコアメンバーになる先輩議員から、「俺たちはもう離党する。お前どうすんだ」と言われた。私はいい時期も悪い時期も民主党、民進党でやってきましたのでと断りました。でも、小池百合子・都知事が新党を作り、前原さんが呼応して、民進党で選挙を戦う選択肢はなくなった。私自身は実は非常に悩みました。希望の党に公認申請を出したほうがいいのか、それとも出さずに無所属で戦うのか。まだ立憲民主党が立ち上がる前でした。というのも、落選浪人をしていた3年間、男3人で2LDKの部屋に住んで、ずっと選挙戦を支えてくれた仲間がいた。朝一緒に起きて街頭活動しに行って、終わったら1日100軒みんなでピンポン押して、みんなのニーズを聞いてという生活。修行僧の荒行のような毎日でした。200人ぐらいの後援会の人たちも、みんなが必死になってビラを配って支えてきてくれた。だからこそ今回の選挙は絶対に勝たなきゃいけないという思いは強く持っていました。

希望の党ができた後も、いろんな選挙区での打診がありました。神奈川7区の選挙区調査では、希望の党にいけば小選挙区で勝てる可能性のある数値が出ていた。ただ党の政策と自分の言ってきたこととは違っていた。そして苦渋の決断でしたが仲間たちには、「今回の選挙は多分、勝てないと思う。ここまで活動を積み上げてきてくれたのに本当に申し訳ない」「ただ落選したとしても、次の日からまた駅に立って、国会議員になるまで必ず活動を続けるからついて来てほしい」と死地に挑む覚悟を伝えました。

そんな決断をした2日後くらいに、「枝野さんが新しい党を作るらしい」という話が出てきて、菅直人さんたちもそこに行くらしいと。それならばと、立憲からの出馬を決めたのです。

——あのときの希望の党の期待率や世論調査の数字はジェットコースターのようでした。パンパンに膨らんだ風船が一気にしぼんでいく感じでした。

中谷　やっぱり政党を選択する中で、支え続けてくれた仲間のことを考えてしまいます。自分の信念を貫いてくのか、早く議員になって前線で仕事をすべきではないのか。皆さん、それぞれあったんじゃないかな。

——尾辻さんの大阪はどうでしたか？

尾辻　大阪は立憲がなければ国替えで希望の党もしくは活動していた選挙区で無所属で立候補するという選択肢でした。選対会議では「無所属で出たって無駄だ、やめろ」

「いや、頼むから出させてほしい」って。

維新は一時に比べて、だいぶ大阪のローカルな政党に変わってきました。今年の統一地方選挙とその後の参院選挙。そして大阪では市長選挙、知事選挙があります。そのトリプル選挙がやっぱり非常に大きな戦いになります。立憲の力をしっかり発揮したいと思います。

堀越 私は民進党の解体のプロセスが、やっぱり腑に落ちなかったんですよね。安保法制が、僕の活動の発端。これはそのまま受け入れることはできないなと思って。僕は2019年の7月にある参院選挙の予定候補者だった。その参院選に負けてから次、もう一回やるっていうふうに考えました。だけど、正直、僕はもう議員を目指すのをやめようとも思いました。また市民活動に戻ればいいやぐらいのことを思ったのです。

そのときに枝野さんが立憲民主党を立ち上げた。枝野さんが結党の会見で「政治家にとって、思想、信条であり何物にも代えられない大事なものだ」と言っていたのを見て、すごくうれしかったんですよね。そこに福山哲郎幹事長から県連に「比例で出てくれる人いないか」と話があった。10月10日の公示日の4日前でしたが、立憲民主党に決めたのです。

立憲民主党でやるべきこと

――立憲民主党はこれからどうなるべきだと思いますか？

石川　立憲民主党がずっと野党というわけにいかない。野党が政権交代するのは15年周期です。１９９４年の細川政権、２００９年の民主党政権。次の15年後、そうだとしたら２０２４年が一つの目標になる。その政権交代したときに、自分が党の役職でどういうところで貢献できるかっていうのをイメージしながら活動していかなきゃいけないと思うんです。

自民党って組織がすごくしっかりしているので、１回生で入ったら順々に当選回数重ねるごとにいろんなポストがちょっとずつ与えられて、育てられていく。いつか政権交代したときに初めて政権交代、初めて与党っていうのを経験する人もそのとき多いかもしれない。自分が与党になったら官僚の人とどうやって渡り合っていくかとか、他の党の人とどういうふうに対峙していくだとか、予算の配分の仕方だとかもそうですけれど、そういう与党になったときのイメージを考えながら今、野党として経験を積んでいかなきゃいけないのかなと思っています。

尾辻　立憲民主党はやっぱり多様性を認め合う政党なんだということを持ち続けることじゃないかな。そのためには、自民党ではできない政策をしっかり掲げるべきだと思うんです。いくら世論調査で、夫婦別姓や同性婚は認められるべきという結果が多数派と出ても、自民党ではどうにもならない。これは肌身で感じています。その政策がどんな優先順位になるかは別にして、メニューの中に必ずそれは入れなきゃいけないと思っているんです。

中谷　僕も尾辻さんの言っていることにものすごく共感する。今の自民党政権は社会的弱者に対する共感力や、一般市民に対する想像力がすごく欠如しているんじゃないかな。そういう現場感覚のない人が机上で政策決定をしたときに、結果として苦しむのは国民だと思うんです。自分の原体験がやっぱり貧困世帯で育って、暴力が身近にある環境で育ったことですから、やっぱり貧困と暴力を根絶する。その先にある世界平和の実現を大目標に掲げて政治活動をしています。経済政策一つ取っても、経団連や、一部の既得権者の声を聞いてする経済政策と、IoTとか、人工知能など新たなテクノロジーを育てて、イノベーションをどんどん進めていくような経済政策だと軸がまったく違うんです。そういう意味では、立憲民主党はそういうしがらみがあまりないので、今までやってこなかったことを打ち出していける可能性があると思っています。

第5章　自治体議員・候補者座談会

大城竜男（おおしろたつお）（沖縄県南城市議会議員・党沖縄県連合幹事長）
東　友美（ひがしともみ）（東京都町田市議会議員）
（有田芳生）
伊藤めぐみ（いとう）（兵庫県神戸市議会議員予定候補者）
成田大介（なりただいすけ）（青森県弘前市議会議員予定候補者）

期待して見ていた枝野新党

――どうして立憲民主党を選んだのですか。

伊藤めぐみ　以前は民主党の市議でしたが、今は落選中なので今度こそ何とかしたいと思いながら2017年の衆院選前のドタバタ劇を眺めていました。ツイッターに「#枝野立て」というハッシュタグが出て、街宣活動とかがものすごい動きになりました。本当に待ちに待った思いでした。枝野さんの「多様性を認め合い、困ったときに寄り添い、お互いさまに支え合う。そんな日本を目指します」という価値観。「右でもなく左でもなく前へ」という言葉が本当にビシッと来ました。

大城竜男　枝野さんが立憲民主党を立ち上げたときは落選中で、運送会社の契約社員でした。仕事が終わって夜10時ぐらいにニュースを見ていて、枝野さんの「やはり自分たちの理念、政策を通すんだ」という姿勢は伝わってきた。何とか力になりたいな、駆け付けたいなと思いながらずっとテレビを見ていました。はじめから小池百合子さん中心に立ち上げた新党と自分の考えは合わないだろうなと思っていましたし、沖縄では民主党時代にも意見の食い違いでだいぶごたごたしました。考え方が違うメンバーと一緒にはできないだろうと。やっぱり惹かれたのは枝野さんの演説している姿でした。

東友美　私は所属も何もまったくなくて、政治への関心がゼロに近いところから立候補したんです。そんなに深い関心がなかったので、票を集めたい人たちが好き勝手なことを言って、政治家って嫌だな、みたいなことを思っている時に、枝野さんだけは自分の信念を貫いて、それでできたのが立憲民主党なのかと当時から思っていました。政治とは距

離があったのを枝野さんが縮めたとも言えます。綱領に目を通すと、するっと自分の中に入ってくる内容しかなかった。ただ普通の人から立候補するって、どこか飛ばなきゃいけないと思うんです。町田は市長が無所属ですが自民党系の方で、方向性として開発がメインなんですね。人口が減っていく現在、町田という都会でも田舎でもない場所で、開発をどんどん進めていくことにどれだけ意味があるのか。それを止める人が必要で、誰かがやらなければ止められない。そこで私がやってみようかと会社を辞めて立候補しました。

成田大介　2017年の衆院選挙で、私がお手伝いしていた民主党の候補が希望の党から出馬して落選してしまったんです。立憲から出ていれば、比例がもう1議席取れたんじゃないかっていうことで悔やまれました。一人で党を立ち上げた枝野さんのサムライ的な姿に感動した部分はあるんです。それにボトムアップの政治、市民と同じ目線でそれを集約していく立憲民主党のやり方にすごく感銘して。今は一生懸命、定期的に少数では

あるんですけども、地元でそういう支持者の方と何人かで集まりながら、市民の声を吸い上げていく活動を始めています。

――地元で立憲民主はどう見られているのでしょうか。

成田　「うちは立憲民主党だ」って言っちゃうと、向こう三軒両隣から無視されちゃうので言えないっていう人たちが結構いるんです。政治のしがらみがないような人たちが、一生懸命集まって、応援してもらっているのですけれども、そういう方々がこれから増えていくのかなと。立憲の場合、津軽地方では組織や団体票に頼る選挙は難しい。

東　町田はもともと民主党系が強い地盤なので、さらに立憲に対する期待は大きい地域ですね。だから市民の方は、市会議員であるわれわれに対して、国政に対して言うような、例えば森友加計問題どうにかしてくれとかおっしゃいます。とにかく言いたいことがあってたまらない人たちが多い現状ですね。もともと民主党を支持していたような方々が、どこにも怒りをぶつける場所がなかったけれど、ようやく立憲の自治体議員が出てきて、そこでぶつけているようなことがあると思います。

――有権者には民主党が政権を取り返されて落胆している空気はありましたか。

伊藤　ありましたね。期待が大きかった分、すごく不満がこちらに返ってきました。あれだけ応援していたのにと散々言われました。それでも民主党を信じて応援してきた人には、本当に申し訳ないなと思いながら過ごしていたんです。これだけ自民党が強いと受け皿が共産党になってしまう。でも本当に安倍政権に対するまっとうな政治をするのは立憲じゃないかと思っていて、それにはやっぱり枝野さんのブレない姿が期待されるんだろうなと思っています。国政の問題に対して、有権者からいろいろ言われることを、ちゃんと県議会、国会、そして枝野代表までつなげていく。草の根からのこうした動きこそが、新しい日本の民主主義じゃないかなと思います。ただ全国的な立憲のちょっとしたブームを思うと、それはかえって危険です。兵庫県でも統一地方選挙に向けて多くの候補を擁立しているのですが、立憲から出たら絶対通るだろうみたいなブームにあやかろうという人が来られたりすると、また民主党の失敗の二の舞だろうなと思います。本当に地方の足元固めが一番大事な時だろうと思っています。

大城　沖縄に関していえば、正直まだ様子見なんですね。民主党時代のトラウマがあるのです。鳩山由紀夫さんの「基地は国外、最低でも県外」というブレに対してです。あの時から沖縄では民主党の存在意義がなくなってしまった感じがします。沖縄の場合、自民党以外の受け皿っていうのが社民党、あと社会大衆党というのもありますし、結構、議員の数も多いもんですから、今の段階では本当に立憲って大丈夫なの？　という感じなんです。立憲は2017年衆院選の比例票で9万数千票をいただいているのに、県知事選で立憲が関わらないのは県民に対して申し訳ないんじゃないかということで県連が設立されました。共産党から社民、社大、国民民主、そこに立憲民主党が加って、現在はオール沖縄の一角を担っています。基地問題をゼロベースで見直し、立憲民主党は辺野古新基地建設反対に舵を切った。でも実際に政権を取ったら本当に反対できるのかと疑っていると感じます。でも政権を取れる可能性があるのは立憲民主党だろうと思っています。

立憲への風はまだ吹いている

――統一地方選挙が近づいています。今も風は吹いていますか。

伊藤　私は自分を戒める意味でも、そよっと吹いていると思ってます。そよっとね。風が止まったり、凪いでいるときもあったたし、逆風もあったので、そよっと吹いてるのはすごいことなんですよ。でももっと大きな風でないと、政権交代まではいかないんだろうなと思うんです。統一選までそのそよ風をもうちょっと吹かせたいなとは思うんですけど。

東　結成当初ほどではないと思いますが、吹いてはいると思います。電話なんかもわりと多くかかってくるのですが、内容は相談ごとではなくて、「立憲さん頑張ってくださいね」だけで切れてしまうときもあります。別に私に対してではなくて、立憲に言っていることだと思うので。風は吹いてはいるかなと思います。

成田　いま東さんが言ったような、そういう励ましを含めた声も、風と受け止めるとすれば本当にそよ風はあると思います。希望の党のときは、頑張れっていう言葉は正直なかったなと思います。あとは「野党連携してしっかりしろ」というお叱りの電話や「よく立ち上げた！」という言葉もあります。街頭でもいぶかしげな顔をして通り過ぎていく人はいますけど、逆に手を振ってくれる方もいますね。そよ風は吹いていると思います。

——地方組織をどう作っていきますか。

成田　これは自民党みたいに各地域、小学校の学区、町内、そこに一つ一つ支援グループを作っていくのは時間もかかるので非常に難しいと思う。私はいま自分の組織として小さい塊をいっぱい作っています。例えばママさんの会3～4人。経営者の会3～4人。多くても5人ぐらいのグループでして、これが地域的なものに広がっていけるように県連合や仲間の知恵も借りながら取り組んでいます。

東　私が当選した後、名簿みたいなものも一応はあります。だけどそれが組織なのかというと違うような気がします。私はインターネットをメインにしているので、ポスティングをしてくれるチームとか、どこかで選挙があったらそれを手伝いに行ってくれるチームとか。そういうチームは、ネットの中にはあります。それは新しい世代の人たちが中心ですが、すごくうれしいんですよ。立憲とハッシュタグを付けると、みんな拾ってくれます。インターネットの中で完全にチームを組んで、例えば名古屋から松戸に、寝袋持って泊まりがけで選挙の手伝いに行ってくださるような方もいる。そういう選挙もできるんだなと思いました。あんまりディープな人間関係を築くのを嫌う人も、私たちの世代には多い。選挙活動を手伝わないわけではないけれども、会合とかには行きたくないし、いろんな人としゃべるのは苦手。だけどポスティングならできますよとか。車に乗って手振るだけならいいですよとか。そういう人たちを集められるのはインターネットの特徴ですね。

大城　沖縄に関しては統一地方選挙が終わったばかりです。その後も選挙はいくつかありますが、公認、推薦で戦ってくれる方を公募等で探しても、なかなか集まってくれない。沖縄では野党の国会議員は多いけど、地方議員がほとんどいない。自民党は逆なんです。無所属で戦ってはいるけど中身は自民党。その方々が市町村長を支えて、その市町村長が皆さんを束ねて、県会議員、国会議員を支える。逆三角形ができあがっているんですね。勝てる地域を選定して、票の取れる人を引っ張ってくるのがうまい。それがいまの立憲にはなかなか難しいところではあります。今回の知事選でも、立憲の国会議員が沖縄に入って演説すると沖縄のみんなは、「よく来てくれた」と言って、そのときだけ風が吹きます。でも帰ってしまうと冷めてしまいます。立憲民主党沖縄県連合と立憲民主党は別なんです。沖縄県連の有田芳生代表、江崎孝副代表が知事選の翌朝、那覇市内で街頭演説をやったのですが、あのときはすごく反応も良かった。選挙期間中も車を回していて反応がいいので、ドライバーの方々も「立憲民主党の反応ってこんなにいいんだ」というくらいでした。しかし、選挙が終わり、知名度のある国会議員が帰り、県内のメンバーだけで街宣カーに乗っていると、反応が微妙な感じになります。今「立憲パートナーズ」として沖縄で登録されているのは、まだわずか。そういう方々といっしょにイベントなどを立ち上げていくのがいいんでしょうね。パートナーズを含め県民と一緒になって物事を作り上げ、足腰を強くしていくことが地方組織を本当に強くするんだと思っています。

伊藤　兵庫県では女性のセミナーを開催して、女性の参加者が定員いっぱい集まって、盛況だったんです。山尾志桜里さんや辻元清美さんが、「みんな世の中変えたかったら、選挙に出ましょう」って呼びかけるんです。「一歩踏み出さないと」という力強い言葉を言われますと、皆さんその気になられるんですね。この立憲カフェもそうですし、お互いが話し合うと、「私はこんな思いでここに参加して」「こういうことを社会でやり遂げたい」そのためにはどうしたらいいだろう、「だったら議員しましょう」って。そうしたら地方自治体議員から世の中を変えていけるよっていうメッセージが伝わる。ただ公募にすると来られるのは男性ばっかりなんです。やっぱり女性こそが生活に根ざした希望とか、声を持っていらっしゃるので、その方たちと一緒に〝集い〟に参加していただくには、もっともっと頑張ってネットなどで呼びかけて、「一緒にやりましょう」というメンバーを募っていきたいと思っています。立憲民主党こそが国政も県政も市政も女性候補者、女性議員が増えていく、いい党だと考えています。

自民党の組織に対抗する方法

――自民党の地方組織の強さってどこで感じますか。

成田　お金の流れとかは、分かりませんけども、自民党の組織は隅々までの情報網がしっかりしていて、こちらが何かを言う前に、言わせない状況を作ってしまう。そんな感じがよくありますね。かつて、青森県で知事のセクハラ問題があった時に、自民党の県会議員も不信任案に賛成しました。「公私混同しちゃいかん」と。その時はちょうど県議会の選挙中、それでも、自民党候補の陣営から手伝いの人たちがいなくなり、無言電話、脅迫電話、さらに木刀を持ってきた居酒屋のおやじまでいたそうです。今はそこまで激しいことはないけれど、盤石ではないと思います。

東　色々とあるんですけれども、町田はわりと地主さんがはっきりしている地域です。その関係者はほぼ100パーセント自民党支持者ですね。お金持ちが多いということと、本家と分家がきちんとしているんです。地主さんのところは1人メインの本家の人を押さえるだけで、何十人と押さえられるということと、地域の集まりの重要ポストを自民党が押さえている。政党ポスターも貼りやすいと思います。自分たちの土地ですし。やっぱり自民党系のポスターは多いです。

大城　沖縄で言えば、単に地域の自民党との対決ということではなく、それはイコール国との対決です。県知事選でも国家ぐるみで押さえ込みに来ていた。大臣とか重要ポストの方が、街頭演説で何々にいくら予算を付けるとか。さまざまな業種を回って、そういう話をするわけです。実際その演出がうまいんですね。例えば市町村会議員、県会議員、国会議員が連携して予算の要求をして、予算を獲得するまでを目に見える形で演出する。そうすると県民は「やっぱり自民党なんだな。予算付けられるのは」とか「自民党はちゃんと市町村会議員から国会議員まで連携できてるよね」となってしまう。

伊藤　いわゆる業界団体とか、医師会、看護師会、薬剤師会などの三師会です。つながりがとても濃いと思います。建築関係もそうですよね。でも逆にほころびも出てきています。神戸市政の政務活動費の不正流用で、「古い体質の人たちは、やっぱり私腹を肥やしていたんだな」っていうのがありました。有権者の方は、自民党だからすべてが良いという幻想を抱かれているかもしれないんですが、神戸市は、労働組合系も三菱や川崎重工などありますので、民主系も食い込んでいます。自民党が絶対強いところもあれば、民主系でもトップ当選に近い議員もいる。やっぱり個人の力量と、いかに保守地盤に食い込んでいくかというので変わっていくと思います。

私の選挙区は神戸の六甲山の裏側で、農村地域が広がっていますので、冠婚葬祭の葬儀などは、弔問外交という感じで皆さんすごく回っておられる。私も地域の人たちを見送ろうという思いで参列していますが、自民党と同じことをしていくのも、ちょっと土俵が違うのかなと思っています。細かい活動をされている点では、自民党にも学ばないとダメかもしれないですね。例えば盆踊りは行かないとダメですね（笑）。盆踊りに行けばいいって話じゃない。やっぱり組織の足腰を鍛えるということなんですよね。

――組合との付き合いはどうなっていますか。

伊藤 私は組織内議員ですし、いまは自治労で活動しています。県本部の政治担当です。以前は日本教職員組合に所属していましたので、連合兵庫とのお付き合いはとても大事です。組合は男性色が濃いので、女性の組合員の活動をバックアップしながら自分も一緒に活動していきたいと思っています。組合は大事な存在で、そこの人たちとちゃんとつながっておくことから、働くこと、過労死の問題とか、家族の問題とかを考えたり訴えたりして、一般の人に伝えていくのが役目だと思っています。

大城 立憲になって連合や各労組との付き合いは、一から始めています。

東 私は関係のある団体は何もないです。町田に立憲の議員がもう1人いるんですが、彼は連合系組合など大きなところから推薦を受けていて。そこですみ分けのような形にしています。やっぱり労働組合ががっちり支えてくれるっていうのは、あんまり自分の中ではイメージできなくて、来てくれればうれしいみたいな感じです。ただそれで向こうからあれしろ、これしろと言われるのであれば、微妙ですね。

成田　連合青森には推薦願いを出しています。これまで会合などで組合の方と名刺を交換していると「頑張ってね」とは言ってくれても、あくまでもリップサービスみたいな感じでしたが、立憲で立つとなると本気で応援してくれそうな感触がありますね。

――これからの立憲民主党はどうあるべきでしょう。

伊藤　民主党の時は代表がころころ変わっていたので、まずは枝野さんの強力なリーダーシップをどこまで維持するか。彼は本当に政権を取ろうと思っていますし、それを周りの人たちがどれだけ支えられるかだと思います。兵庫の場合は、総支部長を立てないことには枝野さんを支えることもできないし、統一地方選で地方議員を何人も誕生させて、そこから国政に出ようと手を挙げてくださる方がいるかどうか。これが当面の最大課題だと思っています。

大城　以前の民主党のように国会議員を中心に増やしていっても、ブームの風が止まるとすぐに崩壊してしまう。少し先を見据えて地方議員を増やし、足腰を強くしていくことが一番いいのかなと思っています。政権交代に向けて国会議員を増やしたいという考えもありますが、小選挙区制になり、候補者になるまでが勝負になっている。だから候補者や支部長であり続けるために党の方だけをみて政治を行うということが起きると思う。国民の方をみて物事を考える政治家を育てる必要がある。しかしその人を支える地域の人、地元の議員がいないとダメですね。だから地方の基盤を固めるためにも、全国の地方議員を少しずつでも増やしていく努力が必要になる。

東　候補者自体をきちんと選定することだと思います。だんだん地方議員は増えてきたと思うんですけれども、中には「?」って思う方も混ざってきたような気がします。ネットの中の声でも「どうしてこの人に推薦を、公認を出したんですか」みたいなコメントも散見されるようになってきてしまったので、候補者の選定をきちんとするべきじゃないかと。それから引き続き枝野さんはじめ、立憲民主党全体で信念をきちんと貫くことだと思います。票集めのために、言っていることをころころ変えるのではなくて、信頼を得るためにはまず信念を貫くこと。それが大事だと思います。

立憲民主党の綱領

綱領

私たちは、「立憲主義に基づく民主政治」と「多様性を認め合い、困ったときに寄り添い、お互いさまに支え合う社会」を実現するため、立憲民主党に集いました。

私たちは、一つの価値観を押し付ける政治ではなく、国民のみなさんとつながり、日常の暮らしや働く現場の声を立脚点としたボトムアップの政治を実現します。

私たちは、公正・公平なルールに基づく自由な社会を実現し、一人ひとりの持ち味が発揮され、それぞれに幸せを実感できる社会経済を目指します。

一．立憲主義を守り、草の根からの民主主義を実践します

私たちは、立憲主義を守り、象徴天皇制のもと、日本国憲法が掲げる「国民主権」「基本的人権の尊重」「平和主義」を堅持します。立憲主義を深める立場からの憲法議論を進めます。

私たちは、草の根からの声に基づく熟議の民主主義を実践し、政治の信頼を回復します。適切な公文書管理と徹底した情報公開を進め、公正で透明な政府を実現します。

私たちは、既得権や癒着の構造と一線を画し、自らを厳しく律しながら、公正で公平な社会システムを構築します。税金の使い道を納税者の立場から徹底して精査し、真に必要で優先度の高い施策に絞り込みます。

二．未来への責任をまっとうし、活力ある共生社会をつくります

私たちは、一人ひとりがかけがえのない個人として尊重され、多様性を認めつつ互いに支え合い、すべての人に居場所がある「共に生きる社会」をつくります。

私たちは、あらゆる差別に対して断固として闘います。性別を問わずその個性と能力を十分に発揮することができるジェンダー平等を確立するとともに、性的指向や性自認、障がいの有無などによって差別されない社会を推進します。

私たちは、未来を生きる世代のため、社会全体ですべての子どもの育ちを支援します。

私たちは、気候変動をはじめとする地球環境問題と向き合い、新たなライフスタイルを確立し、持続可能な社会を実現します。

私たちは、多様な主体による自治を尊び、互いに連携し合う活力ある社会を実現します。地域の責任と創意工夫による自律を可能とする真の地方自治を目指します。

私たちは、原発ゼロを一日も早く実現するため、具体的なプロセスを進めるとともに、東日本大震災からの復興を実現します。

三．公正な分配により人間のための経済を実現します

私たちは、経済成長の目的は一人ひとりに幸福をもたらすことであり、また、公正な分配なくして安定的な成長は達成できないとの考えに立ちます。

私たちは、市場経済を基本とし、過度な自己責任が押しつけられることなく誰もが安全で安心して暮らすことのできる社会を目指し、将来に希望の持てる経済を実現します。

私たちは、持続可能な社会保障制度の確立や生涯を通じた学びの機会の保障など、人への投資によって、人々の能力の発揮を阻んでいる格差を是正し、一人ひとりの持つ力が発揮され幸福を実感できる経済を実現します。

四．国を守り国際社会の平和と繁栄に貢献します

私たちは、歴史の教訓を胸に刻み、日本の外交・安全保障の基本姿勢である国際協調と専守防衛を貫き、現実に即した政策を推進します。健全な日米同盟を軸に、アジア太平洋地域、とりわけ近隣諸国をはじめとする世界との共生を実現します。

私たちは、国際連合などの多国間協調の枠組みに基づき国際社会の平和と繁栄に貢献します。核兵器廃絶、人道支援、経済連携、文化交流などを推進し、人間の安全保障を実現するとともに、自国のみならず他の国々とともに利益を享受する開かれた国益を追求します。

LUMINE 1

有田芳生（ありた・よしふ）

1952年京都市生まれ。参議院議員、ジャーナリスト。2007年まで日本テレビ系「ザ・ワイド」に出演。著書に『私の家は山の向こう－テレサ・テン十年目の真実』（文春文庫）、『「コメント力」を鍛える』（NHK 出版 生活人新書）、『ヘイトスピーチとたたかう！―日本版排外主義批判』（岩波書店）など。2010年参議院議員初当選（現在２期目）。

50分でわかる！　立憲民主　まっとうな政治

2019年1月30日　初版第1刷発行
2019年2月10日　初版第2刷発行

編　著　有田芳生
発行者　小俣一平
発行所　弓 立 社
〒101-0052　東京都千代田区神田小川町3-10　駿台中根ビル5階
tel. 03（6268）9420　fax. 03（6268）9421

インタビュー・構成／編集部　撮影／矢口和也
装幀／隆太郎
印刷・製本／中央精版印刷　組版／株式会社ダーツフィールド

ISBN978-4-89667-991-5